공부력을 길러 주는
요즘 아이들의 똑똑한 **독해** 습관

문해력보스

한국사 우리 인물 (3종) / 우리 문화 (3종)

세계사 세계 인물 (3종) / 세계 문화 (3종)

eduwill

이 책을 추천합니다!

✎ 이 책을 추천하신 선생님들

"교과서독해 + 디지털독해 콘셉트는 단언컨대, 문해력의 빛나는 종합 선물 세트예요."

황준경 | 대광초등학교 교사

"교과서와 100% 연계된 글감으로 학교공부를 대비할 수 있어요."

나문정 | 한일초등학교 교사

"디지털 홍수 시대, 아이들이 현명한 판단을 내릴 수 있도록 하는 나침반 같은 책이에요."

박현진 | 샛별초등학교 교사

"문해력을 기르면서 동시에 배경지식까지 쌓여 두 마리 토끼를 잡을 수 있는 책이에요."

박미송 | 오송고등학교 교사

✎ 이 책을 추천하신 학부모님들

"아이들이 지루해하지 않아요. 스스로 연필을 잡고 공부하는 모습이 감동이었어요."

김태진 학생 어머니 | 상록초등학교

"교과서독해에서 배운 내용을 디지털독해를 통해 한 번 더 공부해서 좋았어요."

정유정 학생 어머니 | 부산진초등학교

"디지털독해가 뭔지 잘 몰랐는데, 책을 펼친 후 바로 알았네요.
공부뿐만 아니라 요즘 시대에 아이들에게 정말 필요한 능력을 길러 주는 책이라고 생각해요."

박수현 학생 어머니 | 광주서초등학교

"교과서를 기반으로 구성된 독해가 정말 매력적이었어요. 무엇보다 교과서가 중요하니까요."

신지훈 학생 어머니 | 고일초등학교

문해력 레벨업 게임

하루 공부를 마칠 때마다 붙임 딱지를 붙여 게임판을
완성해 보세요. 붙임 딱지는 책의 맨 뒤에 있어요.

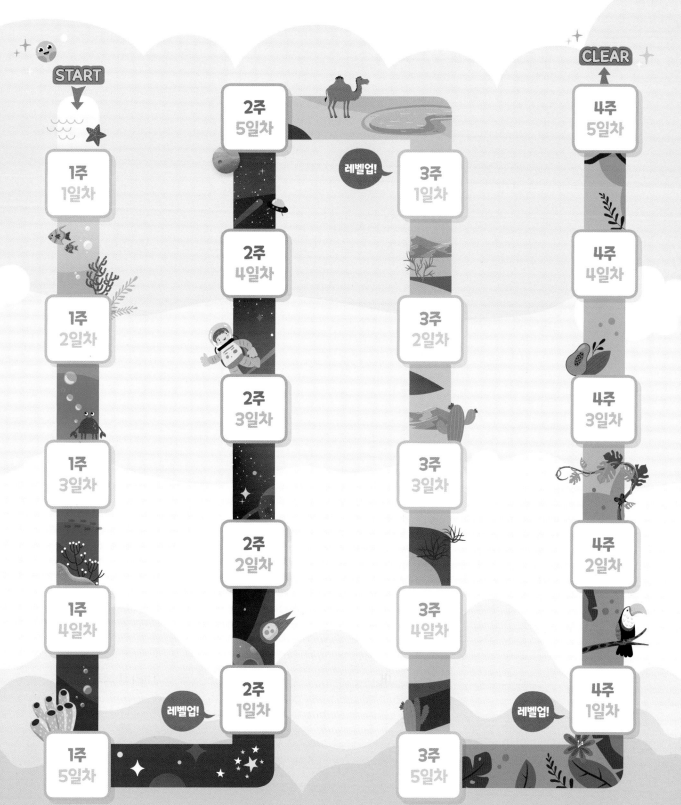

START

1주 1일차

1주 2일차

1주 3일차

1주 4일차

1주 5일차

레벨업!

2주 1일차

2주 2일차

2주 3일차

2주 4일차

2주 5일차

레벨업!

3주 1일차

3주 2일차

3주 3일차

3주 4일차

3주 5일차

레벨업!

4주 1일차

4주 2일차

4주 3일차

4주 4일차

4주 5일차

CLEAR

세계사 세계 문화 ❷권 문화 살펴보기

1주

- 1일 중국 명나라와 청나라의 문화
- 2일 르네상스
- 3일 일본 에도 시대의 문화
- 4일 오스만 제국의 문화
- 5일 인도 무굴 제국의 문화

2주

- 1일 신항로 개척의 빛
- 2일 신항로 개척의 그림자
- 3일 향신료 무역
- 4일 유럽 절대 왕정의 문화
- 5일 프랑스 혁명

3주

- 1일 산업 혁명의 빛
- 2일 산업 혁명의 그림자
- 3일 미국 남북 전쟁
- 4일 제국주의의 등장
- 5일 제국주의와 만국 박람회

4주

- 1일 세포이의 항쟁
- 2일 동아시아 3국의 개항
- 3일 중국의 근대화
- 4일 일본의 근대화
- 5일 19세기 과학과 문화

문해력 보스

세계사 초등 3~6학년

세계 문화 ❷ 근대

우리 아이에게 "문해력"이 필요한 이유

문해력은 "글을 읽고 쓸 줄 아는 능력"입니다.
그럼 우리 아이의 문해력을 키우면 성적이 올라갈까요?

네, 그렇습니다.
문해력은 공부를 하는 데 필요한 기본 도구입니다.
국어, 사회, 과학 등 아이들이 배우는 과목에는 읽기와 쓰기 능력이 필요합니다.
문해력이 높으면 질문을 쉽게 이해하고
올바른 대답을 쓰거나 말할 수 있습니다.
문해력은 우리 아이의 학습 능력 그 자체입니다.
그래서 우리 아이에게 문해력이 필요합니다.

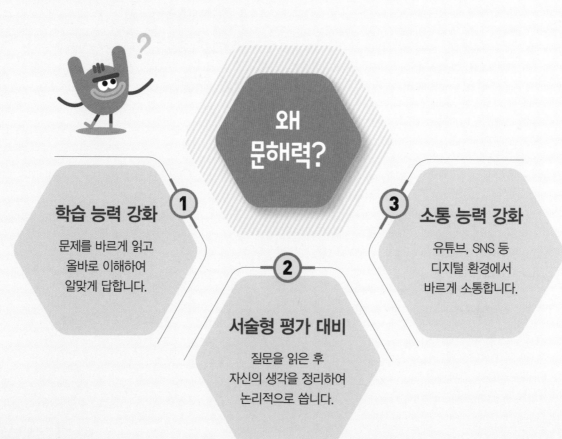

왜
문해력?

① 학습 능력 강화
문제를 바르게 읽고
올바로 이해하여
알맞게 답합니다.

② 서술형 평가 대비
질문을 읽은 후
자신의 생각을 정리하여
논리적으로 씁니다.

③ 소통 능력 강화
유튜브, SNS 등
디지털 환경에서
바르게 소통합니다.

"문해력보스"가 특별한 이유!

문해력보스는 일반적인 문해력 책과 다릅니다.
이 책은 "글 문해력과 미디어 문해력을 함께 기르는 훈련서"입니다.

글에 대한 문해력을 키우는 것만큼 중요한 것은
유튜브, SNS와 같은 디지털 매체에 대한 문해력을 키우는 것입니다.
우리 아이는 디지털 매체가 가득한 세상에 살고 있습니다.
학교나 집에서 태블릿 PC로 수업을 하고,
유튜브를 보며, SNS로 친구들과 소통합니다.
"문해력보스"는 초등 교과와 연계된 다양한 글을 읽고,
이와 관련된 광고, 뉴스, 블로그 등 다양한 형태의 매체를 접하며 훈련합니다.
"문해력보스"는 우리 아이가 세상을 보는 힘을 길러 줍니다.

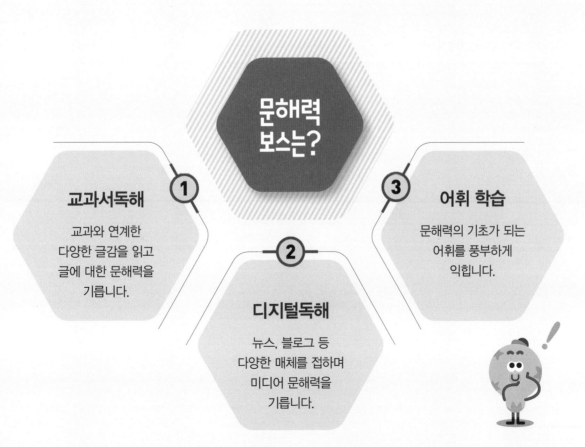

문해력 보스는?

교과서독해 ①
교과와 연계한
다양한 글감을 읽고
글에 대한 문해력을
기릅니다.

디지털독해 ②
뉴스, 블로그 등
다양한 매체를 접하며
미디어 문해력을
기릅니다.

어휘 학습 ③
문해력의 기초가 되는
어휘를 풍부하게
익힙니다.

문해력보스

구성과 특징

교과서 독해

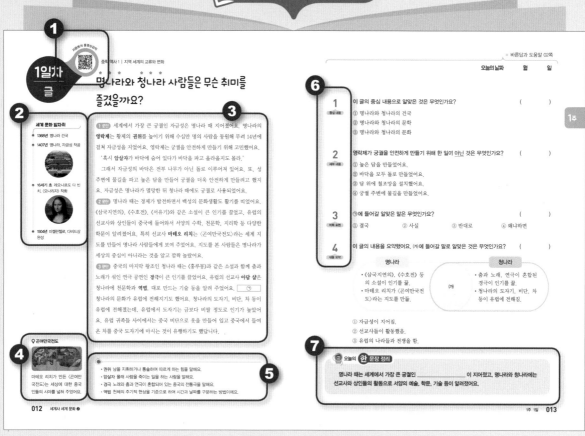

❶ **지문분석 동영상강의** 어려울 수 있는 교과서 지문을 선생님이 친절하게 설명해 줍니다.

❷ **세계 문화 발자취** 문화와 관련된 주요 사건 연표를 통해 세계사의 흐름을 파악합니다.

❸ **교과서 지문** 중등 교과서에 나오는 문화 이야기를 읽고 교과 지식을 쌓습니다.

❹ **보충 설명** 교과서 지문을 이해하는 데 참고할 배경지식을 함께 학습합니다.

❺ **어휘 풀이** 사전을 찾아보지 않고 바로바로 어휘의 뜻을 확인합니다.

❻ **문해력을 기르는 문제** 중심 내용, 세부 내용, 내용 추론, 내용 요약, 어휘 표현의 5가지 문제 유형을 골고루 풀어 보며 자연스럽게 문해력을 기릅니다.

❼ **오늘의 한 문장 정리** 교과서 지문에서 배운 내용을 한 문장으로 정리하는 연습을 합니다.

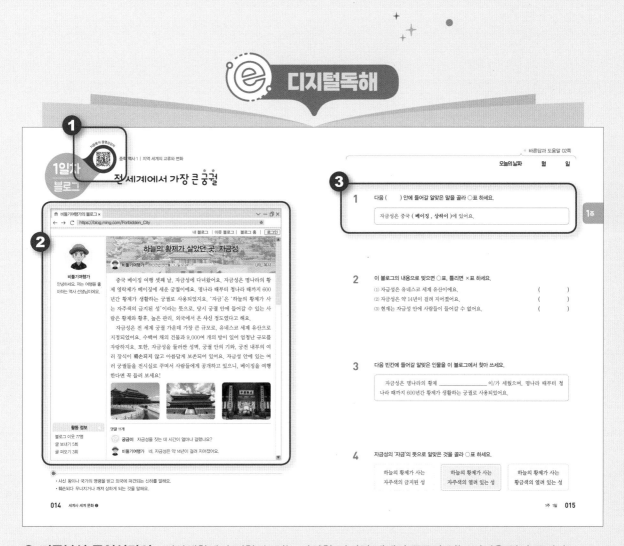

❶ 지문분석 동영상강의 일상생활에서 접할 수 있는 다양한 디지털 매체의 종류와 읽는 방법을 알려 줍니다.
❷ 디지털 매체 지문 교과서독해에서 학습한 주제를 뉴스, 블로그 등 다양한 디지털 매체 지문으로 나타냈습니다.
❸ 문해력을 기르는 문제 디지털 매체 지문을 제대로 이해하였는지 점검하며 미디어 문해력을 기릅니다.

디지털 매체 지문 보기

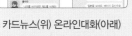

카드뉴스(위) 온라인대화(아래)

온라인박물관

백과사전

신문기사

문해력보스
구성과 특징

어휘 정리

어휘
정리 1~5일 지문에서 나온 중요 어휘를 정리해 보세요.

오늘의날짜   월   일

1주

1 밑줄 친 말의 뜻을 알맞게 줄로 이으세요.

중국 청나라 때는
경극이 큰 인기를 누렸어요. · · 기준이 되는 지점에서부터
그 북쪽

에도 시대에는
조닌이라는 계층이 성장했어요. · · 노래와 춤과 연극이 혼합되어
있는 중국의 전통극

에라스뮈스는 교황이 호화로운
여가만 즐긴다고 비판했어요. · · 한 사회에서 지위, 직업 등에
따라 분류되는 집단

르네상스는 이탈리아에서 시작되어
알프스 이북 나라들로 퍼졌어요. · · 사치스럽고 화려한
느낌이 있는 것

〈모나리자〉는 원근법을 사용하여
사실적으로 그린 그림이에요. · · 조선이 일본에 보내던 사신

조선은 일본에 통신사를 보내
조선의 학문, 기술을 전해 주었어요. · · 공간의 멀고 가까움을
느낄 수 있도록 평면 위에
표현하는 방법

2 밑줄 친 말과 뜻이 비슷한 낱말을 〈보기〉에서 찾아 빈칸에 쓰세요.

〈보기〉
섞이다   드나들다   떠받들다   보급되다   들추어내다

(1) 르네상스 이전에 예술은 신을 찬양하기 위한 활동이었어요. _____

(2) 오스만 제국은 동양과 서양의 문화가 혼합된 문화를 이루었어요. _____

(3) 토머스 모어는 사회의 문제점을 집어 낸 책 〈유토피아〉를 썼어요. _____

(4) 우키요에는 한꺼번에 많이 만들 수 있어서 빠르게 보편화되었어요. _____

(5) 황금 사원은 건물의 네 방향에 모두 문이 있어 사람들이 출입하기 편했어요. _____

3 다음 밑줄 친 말을 바르게 고쳐 빈칸에 쓰세요.

(1) 명나라 때는 백성들의 문화생활이 활기를 띄었어요. _____

(2) 에도 시대에는 조닌 계층이 뒤받침하여 경제가 발달했어요. _____

(3) 알프스 이북의 나라들은 교회의 잘못된 점을 꼬집기 시작했어요. _____

(4) 커피는 메카로 순례하러 오는 사람들을 통해 다른 지역으로 퍼졌어요. _____

(5) 샤자한은 터키, 이집트 등에서 보석들을 들어와 타지마할을 장식했어요. _____

세계사 세계 문화 ②

어휘 정리 033

한 주간 배운 중요 어휘를 문제를 풀어 보며 확인합니다.
- **1**번에서는 앞에서 배운 어휘의 뜻을 알맞게 연결합니다.
- **2**번에서는 뜻이 서로 비슷한 어휘를 알아봅니다.
- **3**번에서는 맞춤법에 맞는 어휘를 확인합니다.

문화유산 초성 퀴즈 연표

연표를 따라가며 문화유산의 그림과 초성, 한 줄 정리를 통해 각 권에서 배운 중요 문화유산의 이름을 맞혀 봅니다.

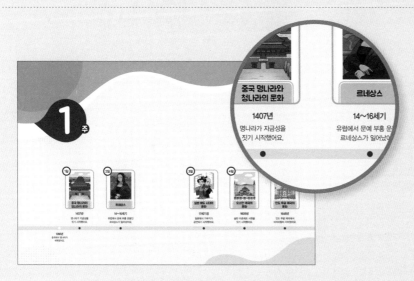

미리 보는 주별 학습

연표를 따라가며 해당 주에 만날 전 세계의 다양한 문화와 사건을 살펴봅니다.

바른답과 도움말

문제를 풀고 난 후 바른답과 도움말을 통해 혼자서도 쉽게 공부할 수 있습니다.

문해력보스 세계사 세계 문화 ❶, ❸ 권 주제 살펴보기

고대 ~ 중세

	유형	주제
1주	글	문명이 시작된 곳은 어디일까요?
	백과사전	이집트 문명의 모든 것
	글	한반도 근처에서 만들어진 문명이 있을까요?
	SNS	인도와 중국에서 꽃핀 문명
	글	옛날 사람들은 어떤 글자를 썼을까요?
	온라인박물관	글자에 담긴 문명의 모습
	글	중국 문화의 출발지는 어느 나라일까요?
	카드뉴스	시황제, 진나라를 디자인하다
	글	비단길은 '단으로 만든 길'이라는 뜻일까요?
	인터뷰	장건의 모험으로 새로운 길이 열리다
2주	글	페르시아는 왜 다양한 문화가 섞여 있을까요?
	온라인박물관	페르시아 문화가 전해진 길을 따라서
	글	당나라에는 왜 국제적인 문화가 발전했을까요?
	온라인전시회	세계 문화와 어우러진 당나라 문화
	글	동아시아 나라들은 왜 비슷한 문화를 가지고 있을까요?
	백과사전	문화 울타리를 이룬 동아시아
	글	나침반은 언제부터 항해에 이용되었나요?
	방송토론	유럽을 바꾼 송나라의 과학 기술
	글	몽골 제국은 왜 길 중간중간에 먹고 자는 곳을 마련했을까요?
	카드뉴스	한눈에 보는 몽골 제국의 문화
3주	글	고대 그리스 사람들은 어떤 문화를 즐겼을까요?
	백과사전	신과 인간을 담은 문화
	글	알렉산드로스가 거대한 제국을 만들고 나서 어떤 변화가 생겼나요?
	신문기사	동양과 서양의 만남, 헬레니즘 문화
	글	불교가 인도 문화에 미친 영향은 무엇일까요?
	온라인박물관	부처의 눈, 코, 입을 조각하다
	글	오늘날 인도를 대표하는 종교는 무엇일까요?
	온라인게시글	힌두교가 바탕이 된 인도 문화
	글	이슬람교를 믿는 사람들은 왜 돼지고기를 먹지 않을까요?
	온라인전시회	사진으로 보는 이슬람 문화
4주	글	세계의 3대 종교는 무엇일까요?
	백과사전	개성 넘치는 세계 3대 종교의 문화유산
	글	로마 사람들도 목욕을 했을까요?
	블로그	로마 시민의 하루
	글	서유럽과 동유럽은 왜 서로 다른 문화를 가지게 되었을까요?
	온라인전시회	천 년의 문화를 간직한 비잔티움 제국
	글	성당의 뾰족한 탑에 담긴 중세 서유럽 사람들의 생각은 무엇일까요?
	온라인박물관	우리는 신과 가까워지고 싶어요
	글	중세 유럽을 변화시킨 병은 무엇일까요?
	카드뉴스	중세 유럽이 무너지다

3권 현대

	유형	주제
1주	글	전쟁에 나간 군인들이 땅굴을 판 까닭은 무엇일까요?
	온라인전시회	제1차 세계 대전에 나타난 전쟁의 새로운 모습
	글	전쟁 후에 독일이 치른 혹독한 대가는 무엇일까요?
	신문기사	독일에게 전쟁의 책임을 묻다
	글	독일은 왜 또다시 전쟁을 일으켰을까요?
	카드뉴스	사진으로 보는 제2차 세계 대전
	글	히틀러는 왜 수많은 유대인을 죽음으로 몰고 갔을까요?
	온라인박물관	인류가 저지른 최대의 비극
	글	다시는 전쟁이 일어나지 않기 위해 인류가 한 일은 무엇일까요?
	온라인게시글	평화수호대! 국제 연맹과 국제 연합
2주	글	독일과 일본은 자신의 '전쟁 범죄'를 어떻게 기억힐까요?
	인터뷰	과거를 기억하는 독일과 일본의 차이
	글	1960년은 왜 '아프리카의 해'라고 불릴까요?
	신문기사	제3 세계, 냉전의 중심에서 평화를 외치다
	글	인류 최초로 달에 간 나라는 어디일까요?
	백과사전	차가운 냉전 속 뜨거운 경쟁
	글	아시아에서는 왜 전쟁이 이어졌을까요?
	온라인전시회	아시아에서 펼쳐진 냉전의 모습
	글	독일 땅 한가운데에 기다란 벽이 있었다고요?
	카드뉴스	냉전, 그 끝을 향하여
3주	글	어떻게 많은 사람들이 같은 문화를 즐기게 되었나요?
	신문기사	자유를 향한 뜨거운 열기, 우드스톡 축제!
	글	중국 사람들은 왜 톈안먼에 모였을까요?
	백과사전	중국의 경제 발전 뒤에 가려진 그림자
	글	'세계는 하나'라는 말은 무슨 뜻일까요?
	블로그	유럽의 여러 나라를 자유롭게 여행해요
	글	위험에 빠진 난민은 누가 보호해 줄까요?
	온라인전시회	지금도 난민이 발생하고 있어요
	글	사람들은 왜 평화를 외칠까요?
	온라인박물관	우리는 전쟁에 반대합니다!
4주	글	세계의 대표적인 축제는 무엇일까요?
	백과사전	세계의 축제 속으로!
	글	먹을 것과 마실 물이 없어서 목숨을 잃는 사람이 있다고요?
	SNS	가난과 질병을 향한 따뜻한 손길
	글	과학 기술은 어떤 모습으로 발전했을까요?
	온라인전시회	과학이 가져온 편리한 생활 모습
	글	미래를 이끄는 첨단 기술에는 무엇이 있나요?
	카드뉴스	신기한 첨단 기술의 세계
	글	환경 문제는 누가 해결해야 할까요?
	신문기사	땅이 점점 사라지고 있는 나라, 투발루

공부 습관을 만드는 스스로 학습 계획표

매일 공부를 마친 후, 공부한 날과 목표 달성도를 채워 보세요.

진도		유형	주제	쪽수	공부한 날	목표 달성도
1주	1일	글 블로그	명나라와 청나라 사람들은 무슨 취미를 즐겼을까요? 전 세계에서 가장 큰 궁궐	12~15쪽	월 일	♡♡♡
	2일	글 온라인게시글	유럽 사람들이 신보다 인간에 집중하게 된 까닭은 무엇일까요? 유럽에 불어온 르네상스의 바람	16~19쪽	월 일	♡♡♡
	3일	글 온라인전시회	임진왜란이 끝난 후 일본에서는 어떤 문화가 유행했을까요? 서민이 주인공이었던 에도 시대의 문화	20~23쪽	월 일	♡♡♡
	4일	글 온라인박물관	오스만 제국 사람들은 왜 커피를 마셨을까요? 세 대륙, 세 문화의 만남	24~27쪽	월 일	♡♡♡
	5일	글 카드뉴스	비슷한 듯 다른 두 문화가 어우러진 인도의 건축물은 무엇일까요? 무굴 제국 문화유산 보고서	28~31쪽	월 일	♡♡♡
	특별학습	1주 정리	어휘 정리			
2주	1일	글 백과사전	유럽 사람들은 왜 새로운 뱃길을 찾아 나섰을까요? 신항로 개척이 바꾼 사람들의 생활 모습	36~39쪽	월 일	♡♡♡
	2일	글 온라인대화	찬란했던 아메리카 대륙의 문명을 파괴한 사람들은 누구일까요? 아메리카와 아프리카 원주민의 비극	40~43쪽	월 일	♡♡♡
	3일	글 온라인전시회	세계의 상인들이 동남아시아로 몰려든 까닭은 무엇일까요? 유럽이 사랑한 동남아시아의 특산물	44~47쪽	월 일	♡♡♡
	4일	글 카드뉴스	절대 왕정 시대에 유럽의 문화와 과학은 어떤 발전을 이루었을까요? 유럽의 절대 왕정이 남긴 문화유산	48~51쪽	월 일	♡♡♡
	5일	글 신문기사	프랑스 시민들이 감옥을 공격한 까닭은 무엇일까요? 프랑스 혁명의 정신을 찾아서	52~55쪽	월 일	♡♡♡
	특별학습	2주 정리	어휘 정리			
3주	1일	글 백과사전	산업 혁명의 싹을 틔운 기계는 무엇일까요? 산업 혁명으로 변화한 유럽의 모습	62~65쪽	월 일	♡♡♡
	2일	글 신문기사	산업 혁명이 가져온 사회 문제는 무엇일까요? 19세기 런던 뒷골목을 가다	66~69쪽	월 일	♡♡♡
	3일	글 온라인박물관	미국은 왜 남과 북으로 갈라져 싸웠을까요? 오늘날의 미국이 있기까지	70~73쪽	월 일	♡♡♡
	4일	글 온라인게시글	유럽의 나라들이 남는 돈을 투자한 곳은 어디일까요? 식민지를 만들기 위한 유럽 사람들의 변명	74~77쪽	월 일	♡♡♡
	5일	글 온라인전시회	세계 최초의 엑스포는 어떤 모습이었을까요? 힘겨루기의 장소, 만국 박람회	78~81쪽	월 일	♡♡♡
	특별학습	3주 정리	어휘 정리			
4주	1일	글 신문기사	인도 병사들은 왜 영국에 맞서 싸웠을까요? 세포이가 일으킨 봉기의 결말	86~89쪽	월 일	♡♡♡
	2일	글 백과사전	동아시아 3국이 나라의 문을 열 수밖에 없었던 사연은 무엇일까요? 동아시아 3국, 근대화의 시작	90~93쪽	월 일	♡♡♡
	3일	글 온라인대화	기울어져 가던 청나라 왕조의 끝은 어떤 모습이었을까요? 3인 토론, 중국 근대화를 말하다	94~97쪽	월 일	♡♡♡
	4일	글 온라인전시회	옛것을 버린 일본은 어떻게 바뀌었을까요? 바다를 넘어 세계를 넘본 일본	98~101쪽	월 일	♡♡♡
	5일	글 카드뉴스	19세기 인류가 만들어 낸 과학 기술과 예술 작품은 무엇일까요? 인류를 구한 발견과 발명	102~105쪽	월 일	♡♡♡
	특별학습	4주 정리	어휘 정리			

1주

1일

중국 명나라와 청나라의 문화

1407년

명나라가 자금성을
짓기 시작했어요.

2일

르네상스

14~16세기

유럽에서 문예 부흥 운동인
르네상스가 일어났어요.

1368년
중국에서 명나라가
세워졌어요.

연표를 따라가며 1주차에 만날 **동아시아, 인도, 서아시아의 주요 문화와 사건**을 살펴보세요.

3일

일본 에도 시대의 문화

17세기경

일본에서 가부키가 공연되기 시작했어요.

4일

오스만 제국의 문화

1609년

술탄 아흐메트 사원을 짓기 시작했어요.

5일

인도 무굴 제국의 문화

1648년

인도 무굴 제국에서 타지마할이 지어졌어요.

1일차
글

명나라와 청나라 사람들은 무슨 취미를 즐겼을까요?

세계 문화 발자취

● **1368년** 명나라 건국

● **1407년** 명나라, 자금성 착공

● **16세기 초** 레오나르도 다 빈치, 〈모나리자〉 작화

● **1504년** 미켈란젤로, 다비드상 완성

1 문단 세계에서 가장 큰 궁궐인 자금성은 명나라 때 지어졌어요. 명나라의 **영락제**는 황제의 **권위**를 높이기 위해 수십만 명의 사람을 동원해 무려 14년에 걸쳐 자금성을 지었어요. 영락제는 궁궐을 안전하게 만들기 위해 고민했어요.

'혹시 **암살자**가 바닥에 숨어 있다가 바닥을 파고 올라올지도 몰라.'

그래서 자금성의 바닥은 전부 나무가 아닌 돌로 이루어져 있어요. 또, 성 주변에 물길을 파고 높은 담을 만들어 궁궐을 더욱 안전하게 만들려고 했지요. 자금성은 명나라가 멸망한 뒤 청나라 때에도 궁궐로 사용되었어요.

2 문단 명나라 때는 경제가 발전하면서 백성의 문화생활도 활기를 띠었어요. 《삼국지연의》, 《수호전》, 《서유기》와 같은 소설이 큰 인기를 끌었고, 유럽의 선교사와 상인들이 중국에 들어와서 서양의 수학, 천문학, 지리학 등 다양한 학문이 알려졌어요. 특히 선교사 **마테오 리치**는 〈곤여만국전도〉라는 세계 지도를 만들어 명나라 사람들에게 보여 주었어요. 지도를 본 사람들은 명나라가 세상의 중심이 아니라는 것을 알고 깜짝 놀랐어요.

3 문단 중국의 마지막 왕조인 청나라 때는 《홍루몽》과 같은 소설과 함께 춤과 노래가 섞인 연극 공연인 **경극**이 큰 인기를 끌었어요. 유럽의 선교사 **아담 샬**은 청나라에 천문학과 **역법**, 대포 만드는 기술 등을 알려 주었어요. ⬚ ㉠ ⬚ 청나라의 문화가 유럽에 전해지기도 했어요. 청나라의 도자기, 비단, 차 등이 유럽에 전해졌는데, 유럽에서 도자기는 금보다 비쌀 정도로 인기가 높았어요. 유럽 귀족들 사이에서는 중국 비단으로 옷을 만들어 입고 중국에서 들여온 차를 중국 도자기에 마시는 것이 유행하기도 했답니다.

♀ 곤여만국전도

마테오 리치가 만든 〈곤여만국전도〉는 세상에 대한 중국인들의 시야를 넓혀 주었어요.

• **권위** 남을 지휘하거나 통솔하여 따르게 하는 힘을 말해요.
• **암살자** 몰래 사람을 죽이는 일을 하는 사람을 말해요.
• **경극** 노래와 춤과 연극이 혼합되어 있는 중국의 전통극을 말해요.
• **역법** 천체의 주기적 현상을 기준으로 하여 시간과 날짜를 구분하는 방법이에요.

오늘의 날짜   월   일

1

중심 내용

이 글의 중심 내용으로 알맞은 것은 무엇인가요?   (   )

① 명나라와 청나라의 건국

② 명나라와 청나라의 문학

③ 명나라와 청나라의 문화

2

세부 내용

영락제가 궁궐을 안전하게 만들기 위해 한 일이 <u>아닌</u> 것은 무엇인가요?   (   )

① 높은 담을 만들었어요.

② 바닥을 모두 돌로 만들었어요.

③ 담 위에 철조망을 설치했어요.

④ 궁궐 주변에 물길을 만들었어요.

3

어휘 표현

㉠에 들어갈 알맞은 말은 무엇인가요?   (   )

① 결국   ② 사실   ③ 반대로   ④ 왜냐하면

4

내용 요약

이 글의 내용을 요약했어요. ㈎에 들어갈 말로 알맞은 것은 무엇인가요?   (   )

명나라	㈎	청나라
•《삼국지연의》,《수호전》 등의 소설이 인기를 끎. • 마테오 리치가 〈곤여만국전도〉라는 지도를 만듦.		• 춤과 노래, 연극이 혼합된 경극이 인기를 끎. • 청나라의 도자기, 비단, 차 등이 유럽에 전해짐.

① 자금성이 지어짐.

② 선교사들이 활동했음.

③ 유럽의 나라들과 전쟁을 함.

🫖 **오늘의 한 문장 정리**

명나라 때는 세계에서 가장 큰 궁궐인 _____ 이 지어졌고, 명나라와 청나라에는 선교사와 상인들의 활동으로 서양의 예술, 학문, 기술 등이 알려졌어요.

1일차
블로그

지문분석 동영상강의

전 세계에서 가장 큰 궁궐

🏠 비둘기여행가의 블로그 ✕

← → ↻ https://blog.ming.com/Forbidden_City ☆

내 블로그 | 이웃 블로그 | 블로그 홈 | 로그인

비둘기여행가
안녕하세요. 저는 여행을 좋아하는 역사 선생님이에요.

하늘의 황제가 살았던 곳, 자금성

비둘기여행가 20○○년 ○○월 ○○일 12:24   URL 복사

 중국 베이징 여행 셋째 날, 자금성에 다녀왔어요. 자금성은 명나라의 황제 영락제가 베이징에 세운 궁궐이에요. 명나라 때부터 청나라 때까지 600년간 황제가 생활하는 궁궐로 사용되었지요. '자금'은 '하늘의 황제가 사는 자주색의 금지된 성'이라는 뜻으로, 당시 궁궐 안에 들어갈 수 있는 사람은 황제와 황후, 높은 관리, 외국에서 온 **사신** 정도였다고 해요.

 자금성은 전 세계 궁궐 가운데 가장 큰 규모로, 유네스코 세계 유산으로 지정되었어요. 수백여 채의 건물과 9,000여 개의 방이 있어 엄청난 규모를 자랑하지요. 또한, 자금성을 둘러싼 성벽, 궁궐 안의 기와, 궁전 내부의 여러 장식이 **훼손되지** 않고 아름답게 보존되어 있어요. 자금성 안에 있는 여러 궁궐들을 전시실로 꾸며서 사람들에게 공개하고 있으니, 베이징을 여행한다면 꼭 들러 보세요!

활동 정보 ▲

블로그 이웃 77명
글 보내기 5회
글 퍼오기 3회

댓글 11개

 궁금이 자금성을 짓는 데 시간이 얼마나 걸렸나요?

 비둘기여행가 네, 자금성은 약 14년이 걸려 지어졌어요.

- **사신** 왕이나 국가의 명령을 받고 외국에 파견되는 신하를 말해요.
- **훼손되다** 무너지거나 깨져 상하게 되는 것을 말해요.

1 다음 (　　　) 안에 들어갈 알맞은 말을 골라 ○표 하세요.

> 자금성은 중국 (베이징 , 상하이)에 있어요.

2 이 블로그의 내용으로 맞으면 ○표, 틀리면 ×표 하세요.

⑴ 자금성은 유네스코 세계 유산이에요. 　　　　　　　　　　　(　　　　)

⑵ 자금성은 약 14년이 걸려 지어졌어요. 　　　　　　　　　　(　　　　)

⑶ 현재는 자금성 안에 사람들이 들어갈 수 없어요. 　　　　　(　　　　)

3 다음 빈칸에 들어갈 알맞은 인물을 이 블로그에서 찾아 쓰세요.

> 자금성은 명나라의 황제 ＿＿＿＿＿＿＿＿＿＿ 이/가 세웠으며, 명나라 때부터 청나라 때까지 600년간 황제가 생활하는 궁궐로 사용되었어요.

4 자금성의 '자금'의 뜻으로 알맞은 것을 골라 ○표 하세요.

하늘의 황제가 사는 자주색의 금지된 성	하늘의 황제가 사는 자주색의 열려 있는 성	하늘의 황제가 사는 황금색의 열려 있는 성

2일차 글

자문분석 동영상강의

유럽 사람들이 신보다 인간에 집중하게 된 까닭은 무엇일까요?

세계 문화 발자취

● **16세기 초** 레오나르도 다 빈치, 〈모나리자〉 작화

● **1504년** 미켈란젤로, 다비드상 완성

● **1511년** 에라스뮈스, 《우신예찬》 간행

에라스뮈스

● **1603년** 일본, 에도 막부 수립

1문단 중세 시대의 유럽 사람들은 신의 뜻에 따라 살아야 한다고 생각했어요. 사람들은 신을 중심으로 생활했고, 예술도 신을 찬양하기 위한 활동이었지요. 그러나 흑사병의 유행으로 유럽 인구의 절반 이상이 목숨을 잃자 신을 대하는 사람들의 생각이 달라졌어요.

'그렇게 신을 믿었는데, 신은 우리를 지켜 주지 않았어. 이제 신이 아닌 인간 중심으로 세상을 바라보자.'

사람들은 점점 신이 아닌 인간에 관심을 가지기 시작했어요. 그래서 고대 그리스·로마의 인간 중심적인 문화를 다시 연구해 부활시키고자 했지요. 이러한 움직임을 '르네상스'라고 해요.

2문단 르네상스 운동이 가장 활발하게 일어난 분야는 미술이었어요. 르네상스 이전에는 주로 성모 마리아나 예수, 아기 천사들 등 신이 주인공인 그림이 그려졌어요. 하지만 르네상스 시대에는 인간의 모습과 자연 풍경을 있는 그대로 그리려고 노력했어요. **레오나르도 다 빈치**가 그린 〈모나리자〉는 신비롭고 아름다운 미소를 띤 여인의 모습을 **원근법**을 사용하여 사실적으로 표현했어요. **미켈란젤로**의 다비드상은 인간의 몸의 구조를 완벽하게 조각하여 인간 육체의 아름다움을 보여 주지요.

3문단 이탈리아에서 시작된 르네상스는 알프스산맥의 북쪽에 있는 여러 나라로 퍼졌어요. ㉠알프스 북쪽의 나라들에서는 이탈리아와는 조금 다르게 교회나 사회의 잘못된 점을 날카롭게 **꼬집었어요**. 네덜란드의 **에라스뮈스**는 《우신예찬》이라는 책에서 문제점이 많은 교회와 성직자를 비판했어요. 또, 영국의 **토머스 모어**는 《유토피아》라는 책을 써서 당시 유럽과 영국의 문제점을 **집으면서** 누구나 꿈꿀 만한 새로운 사회 모습에 대해 이야기했어요.

♀ 모나리자

레오나르도 다 빈치는 〈모나리자〉를 그리는 데 4년이 걸렸지만 끝내 완성하지 못했어요. 프랑스 루브르 박물관에 소장되어 있어요.

• **원근법** 물체와 공간을 눈으로 보는 것처럼 멀고 가까움을 느낄 수 있도록 평면 위에 표현하는 방법을 말해요.

• **꼬집다** 어떤 사실에 대해 분명하게 말해서 지적하거나 들춰내는 것을 말해요.

• **집다** 지적하여 가리키는 것을 말해요.

오늘의 날짜   월   일

1 다음 빈칸에 들어갈 알맞은 말을 이 글에서 찾아 쓰세요.

세부 내용

> 르네상스 시대의 예술가 _____ 은/는 〈모나리자〉를 그렸고, 미켈란젤로는 다비드상을 조각했어요.

2 르네상스가 시작된 나라는 어디인가요?   (   )

세부 내용

① 로마   ② 영국   ③ 네덜란드   ④ 이탈리아

3 르네상스 시대 인물들의 생각으로 알맞지 <u>않은</u> 것은 무엇인가요?   (   )

내용 추론

① 미켈란젤로: 사람의 모습을 있는 그대로 조각해야겠어.

② 에라스뮈스: 교회나 성직자들의 문제점에 대해 이야기해야겠어.

③ 토머스 모어: 꿈에서 본 아름다운 모습을 실제 풍경처럼 그려야겠어.

④ 레오나르도 다 빈치: 그리스 · 로마 시대처럼 사람의 모습을 그려야겠어.

4 밑줄 친 ㉠을 이해한 내용으로 알맞은 것은 무엇인가요?   (   )

내용 추론

① 이탈리아에서는 신을 믿지 않았어요.

② 이탈리아에서는 교회를 비판하는 사람을 처벌했어요.

③ 이탈리아에서는 교회나 사회를 크게 비판하지는 않았어요.

 오늘의 **한** 문장 정리

_____ 시대에는 인간이 주인공인 그림이 그려졌고, 교회를 비판하는 책이 쓰였어요.

2일차
온라인
게시글

지문분석 동영상강의

유럽에 불어온 르네상스의 바람

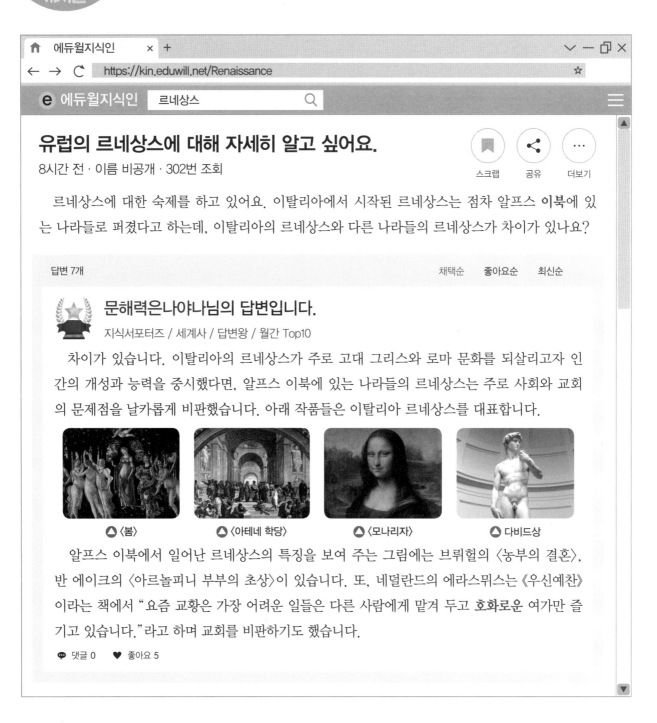

에듀윌지식인 × +

← → C https://kin.eduwill.net/Renaissance ☆

e 에듀윌지식인   르네상스   Q

유럽의 르네상스에 대해 자세히 알고 싶어요.

8시간 전 · 이름 비공개 · 302번 조회

스크랩   공유   더보기

　르네상스에 대한 숙제를 하고 있어요. 이탈리아에서 시작된 르네상스는 점차 알프스 **이북**에 있는 나라들로 퍼졌다고 하는데, 이탈리아의 르네상스와 다른 나라들의 르네상스가 차이가 있나요?

답변 7개   채택순   좋아요순   최신순

문해력은나야나님의 답변입니다.

지식서포터즈 / 세계사 / 답변왕 / 월간 Top10

　차이가 있습니다. 이탈리아의 르네상스가 주로 고대 그리스와 로마 문화를 되살리고자 인간의 개성과 능력을 중시했다면, 알프스 이북에 있는 나라들의 르네상스는 주로 사회와 교회의 문제점을 날카롭게 비판했습니다. 아래 작품들은 이탈리아 르네상스를 대표합니다.

🔺〈봄〉　　　🔺〈아테네 학당〉　　　🔺〈모나리자〉　　　🔺다비드상

　알프스 이북에서 일어난 르네상스의 특징을 보여 주는 그림에는 브뤼헐의 〈농부의 결혼〉, 반 에이크의 〈아르놀피니 부부의 초상〉이 있습니다. 또, 네덜란드의 에라스뮈스는 《우신예찬》이라는 책에서 "요즘 교황은 가장 어려운 일들은 다른 사람에게 맡겨 두고 **호화로운** 여가만 즐기고 있습니다."라고 하며 교회를 비판하기도 했습니다.

💬 댓글 0   ♥ 좋아요 5

• **이북** 기준이 되는 지점에서부터 그 북쪽을 말해요.
• **호화롭다** 사치스럽고 화려한 느낌이 있는 것을 말해요.

오늘의날짜   월   일

1 다음 중 이탈리아 르네상스와 관련이 <u>없는</u> 작품은 무엇인가요?   (   )

①
🔺 〈모나리자〉

②
🔺 〈아르놀피니 부부의 초상〉

③
🔺 다비드상

2 다음 내용이 쓰인 책의 제목을 이 게시글에서 찾아 쓰세요.

> 요즘 교황은 가장 어려운 일들은 다른 사람에게 맡겨 두고 호화로운 여가만 즐기고 있습니다.

✏️ _____

3 이탈리아 르네상스에 대한 설명으로 알맞지 <u>않은</u> 것은 무엇인가요?   (   )

① 현실 사회와 교회의 문제점을 비판했어요.
② 인간의 개성과 능력을 중요하게 생각했어요.
③ 고대 그리스와 로마의 문화를 본받으려고 했어요.

4 이 게시글의 내용으로 맞으면 ○표, 틀리면 ×표 하세요.

⑴ 르네상스는 알프스 이북의 나라들에서 처음으로 시작되었어요.   (   )
⑵ 〈농부의 결혼〉은 알프스 이북의 르네상스를 대표하는 작품이에요.   (   )

3일차 글

지문분석 동영상강의

임진왜란이 끝난 후 일본에서는 어떤 문화가 유행했을까요?

세계 문화 발자취

- **1299년** 오스만 제국 건국
- **1603년** 일본, 에도 막부 수립

도쿠가와 이에야스

- **17세기경** 일본 에도 시대, 가부키 공연 시작

- **1609년** 오스만 제국, 술탄 아흐메트 사원 착공

1문단 일본에서는 임진왜란을 일으킨 **도요토미 히데요시**가 죽은 뒤 **도쿠가와 이에야스**가 에도(도쿄)에 새로운 막부(정부)를 세웠어요. 에도 시대에 도시에 사는 상인과 **수공업자**들을 '조닌'이라고 불렀는데, 이들이 즐긴 독특한 서민 문화를 조닌 문화라고 해요. 조닌 문화 중에서도 특히 인기를 끈 것은 가부키였어요. 가부키는 노래, 춤, 연기가 어우러진 오늘날의 뮤지컬 같은 공연으로, 역사적인 사건이나 서민들의 기쁨, 슬픔을 이야기로 다루어 많은 사랑을 받았어요. 서민들의 생활 모습이나 풍경 등을 그린 그림인 우키요에도 유행했어요. 우키요에는 한꺼번에 많이 만들어 낼 수 있었기 때문에 그만큼 빠른 속도로 퍼져 나갔고, 고흐, 모네 등 유럽의 화가들에게도 영향을 주었답니다.

2문단 에도 막부에서는 다른 나라의 종교나 문화가 들어오면 나라가 혼란스러워질 것이라고 생각했어요. 그래서 서양의 상인과 선교사가 일본에 와서 활동하는 것을 막고, 조선과 네덜란드를 빼고는 다른 나라와 교류하지 않으려고 했지요. ㉠조선과 일본은 원래 서로 여러 차례 사신들을 보낼 정도로 활발하게 교류했지만, **임진왜란** 이후 관계가 끊겼어요. 그러다 에도 막부에서 조선에 다시 사신을 보내 달라고 요청했고, 조선은 일본에 **통신사**를 보내 조선의 학문, 기술, 문화를 전해 주었어요. 그 대가로 전쟁 중에 끌려갔던 조선인들을 데리고 돌아왔지요. 에도 막부는 네덜란드 상인에게는 나가사키라는 곳에서만 무역을 해도 된다고 허락했어요. 네덜란드 상인은 이곳에서 일본에 서양의 여러 학문과 기술을 전해 주었고, 이로 인해 일본에서는 서양 학문인 **난학**이 발달했어요.

우키요에

당시에는 붓으로 그린 그림은 비쌌어요. 목판에 새겨서 찍어 내는 목판화인 우키요에는 한꺼번에 많은 양을 만들어 낼 수 있기 때문에 가격이 싸서 서민들에게 인기가 많았어요.

- **수공업자** 손과 간단한 도구를 사용하여 생산하는 수공업을 직업으로 하는 사람이에요.
- **임진왜란** 1592년 조선에 일본이 침입하여 약 7년간 일어난 전쟁이에요.
- **통신사** 조선이 일본에 보내던 사신이에요. 오늘날의 외교관과 비슷한 역할을 했어요.
- **난학** 일본 에도 시대에 네덜란드로부터 받아들인 서양의 학문이에요.

오늘의날짜   월   일

1

중심 내용

1문단 의 중심 내용으로 알맞은 것은 무엇인가요?   (   )

① 가부키의 유래와 특징

② 일본과 네덜란드의 관계

③ 에도 시대에 유행한 조닌 문화

④ 임진왜란을 일으킨 도요토미 히데요시

2

세부 내용

다음에서 설명하는 '이것'은 무엇인가요?   (   )

- '이것'은 한꺼번에 많이 만들 수 있었어요.
- '이것'은 유럽의 화가들에게도 영향을 미쳤어요.
- '이것'은 서민들의 생활 모습이나 풍경 등을 그린 그림이에요.

① 조닌   ② 데지마   ③ 가부키   ④ 우키요에

3

내용 추론

밑줄 친 ㉠을 읽고 보인 반응으로 알맞지 <u>않은</u> 것은 무엇인가요?   (   )

① 임진왜란으로 인해 일본과 조선의 관계가 안 좋아졌어.

② 임진왜란 이전에 조선과 일본은 서로 문화를 교류했어.

③ 임진왜란 이후 일본은 다른 나라들과 전혀 교류하지 않았어.

4

세부 내용

다음 빈칸에 들어갈 알맞은 말을 이 글에서 찾아 쓰세요.

에도 막부에서 사신을 보내 달라고 하자 조선은 일본에 _____ 을/를 보냈어요.

 오늘의 **한** 문장 정리

일본 _____ 시대에는 조닌 문화가 유행하였고, 일본은 조선, 네덜란드와 교류했어요.

3일차
온라인 전시회

지문분석 동영상강의

서민이 주인공이었던 에도 시대의 문화

QR코드를 찍어
에도 시대에 대해
알아보아요.

🔒 10:10 🛜   100% 🔋

| ☰ 특별전시 안내 | 에도 시대의 모든 것 |

① 에도 막부의 성립
② 에도 시대의 문화
③ 에도 막부의 대외 교류

2 에도 시대의 문화

일본의 에도 시대에는 농업 **생산량**이 증가하고 수공업과 상업이 발달했어요. 이를 바탕으로 도시가 발전했고, 상공업자인 '조닌'이라는 **계층**이 성장했어요. 에도 시대에는 조닌이 경제적으로 **뒷받침**하였고, '조닌 문화'라고 불리는 서민 문화가 발달했어요.

가부키

(1) **의미**: 노래와 춤, 연기가 어우러진 연극
(2) **특징**: 서민들의 삶과 현실을 연극을 통해 사실적으로 보여 주어 큰 사랑을 받았어요.

🔺 가부키 극장

🔺 가부키 공연 모습(현대)

우키요에

(1) **의미**: 에도 시대에 발달한 그림으로, 서민의 생활 모습이나 풍경, 역사 등을 주로 목판화 또는 육필화로 표현했어요.
(2) **특징**: 목판으로 만든 우키요에는 한꺼번에 많이 만들 수 있어서 빠르게 **보급되었어요.**

🔺 바다를 그린 우키요에

🔺 후지산을 그린 우키요에

- **생산량** 어떤 것이 일정한 기간 동안 만들어지는 수량을 말해요.
- **계층** 한 사회에서 지위, 직업 등에 따라 분류되는 집단을 말해요.
- **뒷받침하다** 뒤에서 지지하고 도와주는 것을 말해요.
- **보급되다** 널리 퍼져서 많은 사람들에게 골고루 미쳐 누리게 되는 것을 말해요.

1 조닌 계층에 대한 설명으로 알맞지 <u>않은</u> 것은 무엇인가요?   (   )

① 일본의 에도 시대에 성장했어요.

② '조닌'이라는 이름을 딴 문화가 있어요.

③ 에도 막부의 귀족과 왕족이 조닌 계층을 이루었어요.

2 다음 빈칸에 들어갈 알맞은 말을 이 전시에서 찾아 쓰세요.

> _____ 은/는 노래와 춤, 연기가 어우러진 연극으로, 서민들의 이야기를 사실적으로 보여 주었어요.

3 다음 중 우키요에가 <u>아닌</u> 것은 무엇인가요?   (   )

①  ②  ③

4 이 전시의 내용으로 맞으면 ○표, 틀리면 ×표 하세요.

(1) 가부키는 서민들의 사랑을 받았어요.   (   )

(2) 에도 시대에는 농업 생산량이 감소했어요.   (   )

(3) 우키요에는 한꺼번에 많이 만들 수 있어서 빠르게 보급되었어요.   (   )

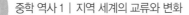

4일차
글

지문분석 동영상강의

오스만 제국 사람들은 왜 커피를 마셨을까요?

세계 문화 발자취

- 1299년 오스만 제국 건국
- 1444년 오스만 제국, 메흐메트 2세 즉위

메흐메트 2세

- 1526년 인도, 무굴 제국 건국
- 1609년 오스만 제국, 술탄 아흐메트 사원 착공

1 문단 서아시아와 중앙아시아 지역을 다스렸던 **셀주크 튀르크**의 힘이 약해졌을 때 그들의 지배에서 벗어난 오스만족은 오스만 제국을 세웠어요. 오스만 제국은 아시아와 유럽, 아프리카 세 대륙에 걸친 넓은 땅을 지배했는데, 수도인 콘스탄티노폴리스(이스탄불)가 동서양이 ㉠**교차하는** 곳에 위치하여 상업과 무역이 발달했어요. 그중 아프리카 대륙에서는 커피를 재배했어요. 이슬람교를 믿는 오스만 제국 사람들은 긴 종교 의식을 치르기 전에 커피를 마시기 시작했어요.

"예배를 드릴 때 커피를 마시니 졸리지 않고, 술을 마시지 못하는 대신 커피를 마실 수 있어서 좋아."

오스만 제국 곳곳에 커피를 마시는 '카웨'라는 장소가 생겨날 정도로 커피의 인기가 높아졌어요. 커피는 이슬람교의 **성지**인 메카로 **순례하러** 오는 사람들을 통해 다른 지역으로 퍼져 나갔고, 오늘날에는 전 세계적으로 사랑받고 있어요.

2 문단 오스만 제국은 땅이 매우 넓었던 만큼 한 나라 안에 다양한 문화를 가진 사람들이 모여 살았어요. 그래서 오스만 제국은 이슬람 문화를 바탕으로 비잔티움 문화, 페르시아 문화 등 동서양의 여러 문화가 어우러진 새로운 문화를 발전시켰어요. 이러한 오스만 제국의 문화를 잘 보여 주는 건축물이 바로 '술탄 아흐메트 사원'이에요. 이 사원은 전통적인 오스만 방식으로 지어졌는데, 건물 중앙의 돔은 비잔티움 방식으로 지어졌어요. 술탄 아흐메트 사원은 건물 내부가 2만 개가 넘는 파란색 타일로 꾸며져 있어 '블루 **모스크**'라고도 불린답니다.

⦿ 오스만 제국의 영토

- **셀주크 튀르크** 10세기에 튀르크 민족이 중앙아시아와 러시아 동남부로부터 이동할 때 셀주크라는 이름의 족장이 이끈 유목 민족이에요.
- **교차하다** 서로 엇갈리거나 마주치는 것을 말해요.
- **성지** 특정 종교에서 신성시하는 장소를 말해요.
- **순례하다** 종교적인 의미가 있는 곳을 찾아다니며 방문하여 참배하는 것을 말해요.
- **모스크** 이슬람교에서 예배하는 건물이에요.

오늘의 날짜   월   일

1주

1

세부 내용

오스만 제국에 대한 내용으로 알맞지 <u>않은</u> 것은 무엇인가요?   (   )

① 세 대륙에 걸친 넓은 땅을 다스렸어요.

② 아프리카 대륙에서 커피를 재배했어요.

③ 동양의 문화를 받아들이려 하지 않았어요.

④ 이슬람 문화를 바탕으로 한 문화를 발전시켰어요.

2

어휘 표현

밑줄 친 ㉠과 바꿔 쓸 수 있는 말로 알맞은 것은 무엇인가요?   (   )

① 만나는   ② 대립하는   ③ 멀어지는

3

세부 내용

술탄 아흐메트 사원이 '블루 모스크'라고 불리는 까닭은 무엇인가요?   (   )

① 건물 중앙의 돔이 비잔티움 방식으로 지어져서

② 바깥벽이 2만여 개의 파란색 타일로 둘러싸여 있어서

③ 건물 내부가 2만여 개의 파란색 타일로 꾸며져 있어서

4

내용 요약

이 글의 내용을 요약했어요. 빈칸에 들어갈 알맞은 말을 찾아 쓰세요.

> **오스만 제국의 특징**
>
> • **건국**: 오스만족이 세움.
>
> • **수도**: 콘스탄티노폴리스(오늘날의 이스탄불)
>
> • **종교**: _____
>
> • **문화**: 이슬람 문화, 비잔티움 문화, 페르시아 문화가 어우러진 문화가 발전함.
>
> • **기타**: 커피와 술탄 아흐메트 사원이 유명함.

 오늘의 **한** 문장 정리

오스만 제국은 _____ 를 수도 삼아 동서양의 문화가 어우러진 문화를 발전시켰어요.

세 대륙, 세 문화의 만남

에듀윌박물관 × +

https://eduwillmuseum.com/Ottoman_Empire

에듀윌박물관

EDUWILL MUSEUM

박물관 소개　전시 안내　소장품 안내　교육 안내　**자료실**　공지 사항

동서 문명의 교차로, 튀르키예(터키)의 　⑦　

진행 중　★특별 전시

⌂ > 자료실

　오스만 제국의 메흐메트 2세는 콘스탄티노폴리스(오늘날의 이스탄불)를 차지하고 이 도시를 여러 민족이 고유의 종교와 문화를 지키며 어우러져 사는 곳으로 만들기 위해 노력했어요. 이슬람, 페르시아, 비잔티움 문화가 **혼합된** 오스만 제국만의 독특한 문화유산에는 무엇이 있을까요?

▶ 동서 무역의 현장, 그랜드 바자르

　세계에서 가장 오래된 실내 시장으로, 각종 향신료와 공예품 등을 사고팔았어요. 오늘날에도 5,000여 개의 가게가 있어요.

▶ 이슬람 사원으로 이용한 성 소피아 성당

　비잔티움 제국 때 건설되어 오스만 제국에서는 이슬람 사원으로 이용했어요. 내부가 모자이크 벽화로 장식되어 있어요.

▶ 비잔티움과 오스만의 조화, 술탄 아흐메트 사원

　이스탄불에 남아 있는 모스크 중 가장 크고 화려해요. 6개의 **첨탑**은 황제의 권력을 상징하며, '블루 모스크'라고도 불려요.

▶ 이슬람 문화의 진수, 톱카프 궁전

　메흐메트 2세가 세운 궁전으로, 왕들이 생활한 곳이에요. 오늘날에는 오스만 제국의 보물을 전시하는 박물관으로 사용하고 있어요.

• **혼합되다** 여러 가지가 뒤섞여 한데 합쳐지는 것을 말해요.

• **첨탑** 뾰족한 탑을 말해요.

1 ㉠에 들어갈 알맞은 도시는 어디인가요?   (   )

① 파리   ② 런던   ③ 베를린   ④ 이스탄불

2 다음에서 설명하는 건축물은 무엇인가요?   (   )

- 비잔티움 제국 시기에 건설되었어요.
- 오스만 제국에서는 이슬람 사원으로 이용했어요.
- 벽 위에 거대한 돔을 올리고 내부를 모자이크 벽화로 장식했어요.

3 콘스탄티노폴리스를 차지한 오스만 제국의 황제를 골라 ○표 하세요.

| 오스만 1세 | 메흐메트 2세 | 메흐메트 6세 | 술레이만 1세 |

4 이 전시 자료를 잘못 이해한 어린이는 누구인가요?   (   )

① 술탄 아흐메트 사원은 '블루 모스크'라고도 불려.

② 톱카프 궁전은 비잔티움 제국 시기에 건설되었어.

③ 그랜드 바자르는 세계에서 가장 오래된 실내 시장이야.

5일차 글

지문분석 동영상강의

비슷한 듯 다른 두 문화가 어우러진 인도의 건축물은 무엇일까요?

세계 문화 발자취

● 1526년 인도, 무굴 제국 성립

● 1628년 무굴 제국, 샤자한의 황제 즉위

샤자한

● 1648년 샤자한 황제, 타지마할 완성

● 1658년 무굴 제국, 아우랑제브의 황제 즉위

아우랑제브 황제

📍 **시크교**
유일신을 믿고, 평등의 교리를 따르면서 힌두교의 수행 방법을 중시해요.

📍 **타지마할**

인도·이슬람 문화를 대표하는 건축물로, 유네스코 세계 유산으로 지정되었어요.

1 문단 **바부르**가 세운 무굴 제국에서는 이슬람교가 인도에 널리 퍼져 나가면서 원래 인도 고유의 문화에 이슬람 문화를 더한 문화가 발전했어요. 인도·이슬람 문화의 흔적은 여러 분야에서 찾아볼 수 있어요. **힌두교**와 이슬람교가 합쳐진 '시크교'라는 새로운 종교가 생겨났고, 힌두어와 페르시아어, 아랍어가 섞인 우르두어가 널리 사용되기도 했어요. 인도 **양식**과 이슬람 양식이 합쳐진 독특하고 아름다운 건축물도 많이 만들어졌어요. 대표적인 건축물로는 타지마할이 있어요.

2 문단 타지마할은 궁전 형식의 무덤으로, 무굴 제국의 5대 황제 **샤자한**이 황후 **뭄타즈 마할**의 넋을 기리기 위해 만들었어요.

'사랑하는 아내를 위해 짓는 것이니 세계 최고의 전문가들을 불러야겠어.'

샤자한은 이탈리아, 프랑스, 이란 등 외국에서 기술자들을 불러 모았어요. 궁전을 장식할 보석들은 터키, 이집트, 중국 등에서 들여왔고, 대리석은 색깔별로 남인도, 남아프리카, 러시아 등 해외 곳곳에서 들여왔지요. 이슬람의 황제들은 성을 지을 때 원래 붉은 돌을 주로 사용했는데, 타지마할은 인도 고유의 양식에 따라 흰색 대리석으로 지어졌어요. 벽면에 새겨진 연꽃무늬, **격자무늬** 창과 돔 옆의 작은 탑도 모두 인도 고유의 문화를 보여 줘요. 그에 반해 돔형 지붕이나 아라베스크 무늬, 뾰족한 탑, 벽면에 새겨진 쿠란 구절은 이슬람 문화를 나타내요. 나라가 어려워질 정도로 많은 돈을 들여 22년 만에 완성된 타지마할은 '**무슬림** 예술의 보석', '빛의 궁전'이라고도 불릴 만큼 화려하고 아름다운 건축물로 유명하답니다.

• 힌두교 인도의 토착 신앙과 고대 인도의 신앙을 중심으로 발달한 종교인 브라만교가 섞인 종교를 말해요. 다신교이며, 소를 신성시한다는 특징을 가져요.
• 양식 시대나 부류에 따라 각기 독특하게 지니는 문학, 예술 등의 형식을 말해요.
• 격자무늬 바둑판처럼 가로세로를 일정한 간격으로 직각이 되게 만든 무늬예요.
• 무슬림 이슬람교를 믿는 사람을 말해요.

오늘의 날짜   월   일

1
중심 내용
이 글에 나타난 무굴 제국의 문화와 관련이 없는 것은 무엇인가요?   (   )

① 불교   ② 힌두교   ③ 타지마할   ④ 뭄타즈 마할

2
세부 내용
다음 (   ) 안에 들어갈 알맞은 말을 골라 ○표 하세요.

> 타지마할의 (**연꽃무늬** , **아라베스크 무늬**)는 인도 문화를 나타내요.

3
내용 추론
인도·이슬람 문화를 잘못 이해한 어린이는 누구인가요?   (   )

① 두 종교의 문화가 섞여 새로운 문화를 이루었어.
② 중국 문화가 바탕이 되어 이루어졌어.
③ 타지마할에서 여러 문화의 모습을 살펴볼 수 있어.

4
내용 요약
이 글의 내용을 요약했어요. 빈칸에 들어갈 알맞은 말을 찾아 쓰세요.

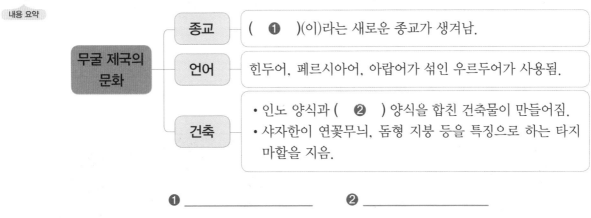

무굴 제국의 문화

종교	(❶)(이)라는 새로운 종교가 생겨남.
언어	힌두어, 페르시아어, 아랍어가 섞인 우르두어가 사용됨.
건축	• 인도 양식과 (❷) 양식을 합친 건축물이 만들어짐. • 샤자한이 연꽃무늬, 돔형 지붕 등을 특징으로 하는 타지마할을 지음.

❶ _____   ❷ _____

 오늘의 **한** 문장 정리

무굴 제국은 인도 문화와 이슬람 문화가 어우러진 문화를 발전시키고, _____ 이라는 건축물을 지었어요.

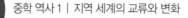

5일차
카드뉴스

무굴 제국 문화유산 보고서

01 타지마할

▶ 무굴 제국의 황제 샤자한이 지은 황후의 무덤
▶ 인도 양식: 흰색 대리석 벽, 연꽃무늬 등
▶ 이슬람 양식: 돔형 지붕, 첨탑 등

02 레드 포트

▶ 무굴 제국의 샤자한이 지은 성
▶ 붉은색의 돌로 성벽을 쌓아서 '레드 포트'라는 이름이 붙여짐.

03 무굴 회화

▶ 표현과 색채가 화려하고 역동적인 양식
▶ 샤자한은 스스로를 주름 없이 완벽한 모습으로 그려 자신의 위엄을 강조함.

04 시크교의 황금 사원

▶ 대표적인 시크교의 유적
▶ 건물의 네 방향에 모두 문을 만들어 모든 사람이 자유롭게 드나들 수 있도록 함.

05 우르두어와 양고기

▶ 힌두어, 페르시아어, 아랍어 등이 섞인 우르두어를 널리 사용함.
▶ 쌀과 양고기가 어우러진 음식을 즐겨 먹음.

06 모슬린

▶ 얇게 짠 옷감으로, 무굴 제국의 최대 수출품이자 유럽의 사치품
▶ 유럽 상인이 많은 돈을 주고 모슬린을 사 감.

1 다음에서 설명하는 건축물은 무엇인가요?   (   )

> • 무굴 제국의 황제 샤자한이 황후의 넋을 기리기 위해 만들었어요.
> • 흰색 대리석 벽, 연꽃무늬, 격자무늬 창 등은 인도 양식이고, 돔형 지붕, 아치 입구,
>   첨탑, 아라베스크 무늬 등은 이슬람 양식이에요.

①
▲ 레드 포트

②
▲ 타지마할

③
▲ 성 소피아 성당

2 이 카드뉴스의 내용으로 맞으면 ○표, 틀리면 ×표 하세요.

(1) 무굴 회화는 색채가 화려하고 역동적이에요.   (   )
(2) 시크교의 황금 사원은 네 방향에 4개의 문이 있어요.   (   )
(3) 레드 포트는 무굴 제국의 아크바르 황제가 지은 성이에요.   (   )

3 무굴 제국에서 널리 사용된 언어는 무엇인가요?   (   )

① 영어   ② 힌두어   ③ 중국어   ④ 우르두어

4 다음 빈칸에 들어갈 알맞은 말을 이 카드뉴스에서 찾아 쓰세요.

> 무굴 제국에서 만든 얇은 옷감인 _____은/는 유럽의 사치품 중 하
> 나였는데, 당시 유럽 상인이 많은 금과 은을 주고 사 갔어요.

1~5일 지문에서 나온 중요 어휘를 정리해 보세요.

1 밑줄 친 말의 뜻을 알맞게 줄로 이으세요.

중국 청나라 때는
경극이 큰 인기를 누렸어요. · · 기준이 되는 지점에서부터
그 북쪽

에도 시대에는
조닌이라는 **계층**이 성장했어요. · · 노래와 춤과 연극이 혼합되어
있는 중국의 전통극

에라스뮈스는 교황이 **호화로운**
여가만 즐긴다고 비판했어요. · · 한 사회에서 지위, 직업 등에
따라 분류되는 집단

르네상스는 이탈리아에서 시작되어
알프스 **이북** 나라들로 퍼졌어요. · · 사치스럽고 화려한
느낌이 있는 것

〈모나리자〉는 **원근법**을 사용하여
사실적으로 그린 그림이에요. · · 조선이 일본에 보내던 사신

조선은 일본에 **통신사**를 보내
조선의 학문, 기술을 전해 주었어요. · · 공간의 멀고 가까움을
느낄 수 있도록 평면 위에
표현하는 방법

2 밑줄 친 말과 뜻이 비슷한 낱말을 〈보기〉에서 찾아 빈칸에 쓰세요.

〈보기〉

| 섞이다 | 드나들다 | 떠받들다 | 보급되다 | 들추어내다 |

(1) 르네상스 이전에 예술은 신을 **찬양하기** 위한 활동이었어요.   _____
아름답고 훌륭함을 크게 기리고 드러내다.

(2) 오스만 제국은 동양과 서양의 문화가 **혼합된** 문화를 이루었어요.   _____
여러 가지가 뒤섞여 한데 합해지다.

(3) 토머스 모어는 사회의 문제점을 **집어** 낸 책《유토피아》를 썼어요.   _____
지적하여 가리키다.

(4) 우키요에는 한꺼번에 많이 만들 수 있어서 빠르게 **보편화되었어요**.   _____
널리 일반인에게 퍼지다.

(5) 황금 사원은 건물의 네 방향에 모두 문이 있어 사람들이 **출입하기** 편했어요.   _____
어떤 곳에 들어가고 나오고 하다.

3 다음 밑줄 친 말을 바르게 고쳐 빈칸에 쓰세요.

(1) 명나라 때는 백성들의 문화생활이 활기를 **띄었어요**.   _____

(2) 에도 시대에는 조닌 계층이 **뒤받침하여** 경제가 발달했어요.   _____

(3) 알프스 이북의 나라들은 교회의 잘못된 점을 **꼬짚기** 시작했어요.   _____

(4) 커피는 메카로 **순래하러** 오는 사람들을 통해 다른 지역으로 퍼졌어요.   _____

(5) 샤자한은 터키, 이집트 등에서 보석들을 **들어와** 타지마할을 장식했어요.   _____

2 주

1일

신항로 개척의 빛

16세기

유럽에 감자, 사탕수수 등
새로운 작물이 들어왔어요.

2일

신항로 개척의 그림자

16세기 중반

유럽에 의해 아스테카 문명과
잉카 문명이 파괴되었어요.

1519년(~1522)
마젤란이 이끈 함대가
세계 일주에 성공했어요.

연표를 따라가며 2주차에 만날
근대 유럽의 주요 문화와 사건을 살펴보세요.

3일

향신료 무역

14~16세기

동남아시아에서 유럽 및 이슬람
상인들이 향신료 무역을 했어요.

4일

유럽 절대 왕정의
문화

17~18세기

프랑스의 루이 14세가
베르사유 궁전을 지었어요.

5일

프랑스 혁명

1789년

프랑스 혁명이
시작되었어요.

지문분석 동영상강의

1일차
글

유럽 사람들은 왜 새로운 뱃길을 찾아 나섰을까요?

세계 문화 발자취

● 1492년 콜럼버스, 아메리카 항로 개척

● 1519년(~1522) 마젤란 함대, 세계 일주 성공

마젤란

● 16세기 유럽으로 감자 유통

반 고흐, 〈감자를 먹는 사람들〉

● 1533년 잉카 제국 멸망

1문단 "후추와 계피는 정말 향이 좋아. 이런 걸 만드는 곳은 어떤 곳일까?" 유럽 사람들에게 귀한 물건이 가득한 동방은 마치 전설 속의 나라처럼 느껴졌어요. 특히 이탈리아의 상인 **마르코 폴로**가 동방을 여행하며 보고 들은 것을 기록한 《동방견문록》이라는 책을 읽고 더욱더 동방에 관한 관심과 궁금증이 커졌어요.

2문단 동방에서 온 물건들은 대부분 이슬람과 이탈리아 상인들만 독차지하고 있었기 때문에 가격이 매우 비쌌어요. 그래서 유럽 사람들은 직접 동방과 무역을 하기 위해 동방으로 가는 새로운 뱃길을 찾기 시작했어요. 이렇게 중세 유럽 사람들이 배가 지나다니는 항로를 새롭게 찾던 것을 '신항로 **개척**'이라고 해요. 제일 처음으로 신항로 개척에 나선 것으로 알려진 사람은 **콜럼버스**예요. 콜럼버스는 오늘날의 서인도 제도에 도착해 유럽의 탐험 열기를 더욱 끌어올렸어요. 또, **마젤란**은 최초로 세계 일주에 성공해서 지구가 둥글다는 사실을 증명했어요. 포르투갈의 **바스쿠 다 가마**는 인도에 가는 새로운 길을 가장 먼저 알아냈답니다.

3문단 신항로 개척에 앞장섰던 포르투갈과 에스파냐가 성공을 거두자, 네덜란드, 영국, 프랑스 등 유럽의 다른 나라들도 새로운 무역의 통로를 찾아 바다로 나섰어요. 그렇게 해서 동방의 여러 나라들과 직접 거래하여 값이 비싼 물건들을 싸게 들여왔어요. 아메리카 대륙에서는 ㉠감자, 옥수수와 같은 새로운 ㉡먹거리와 금, 은이 들어왔고, 중국과 인도 등에서는 차와 **면직물**이 들어왔지요. 유럽의 나라들은 아시아와 아메리카 대륙의 곳곳을 **식민지**로 삼기도 했어요. 신항로 개척 이후 유럽 사회는 무역의 중심지가 지중해에서 대서양으로 바뀌는 등 큰 변화를 **맞이하였어요**.

신항로 개척과 카라벨선

포르투갈에서 만든 카라벨선은 커다란 삼각돛을 달아서 바람을 잘 활용할 수 있어서 빠르게 항해할 수 있는 배였어요.

● **개척** 새로운 영역, 운명, 진로 따위를 처음으로 열어 나간다는 말이에요.
● **면직물** 목화솜으로 짠 물건을 통틀어 부르는 말이에요.
● **식민지** 힘이 센 다른 나라에게 정치적, 경제적으로 지배를 받는 나라를 말해요.
● **맞이하다** 오는 것을 맞는 것을 말해요.

오늘의날짜   **월**   **일**

2주

1 유럽 사람들이 신항로 개척에 나선 까닭은 무엇인가요?   (   )

세부 내용

① 마르코 폴로를 만나기 위해서

② 동방과 직접 무역을 하기 위해서

③ 상상 속의 나라를 여행하기 위해서

④ 지구가 둥글다는 것을 보여 주기 위해서

2 신항로 개척에 나섰던 유럽의 탐험가가 <u>아닌</u> 사람을 골라 ○표 하세요.

세부 내용

| 마젤란 | 콜럼버스 | 마르코 폴로 | 바스쿠 다 가마 |

3 다음 빈칸에 들어갈 알맞은 말을 〈보기〉에서 찾아 쓰세요.

세부 내용

─〈보기〉─

아시아   아메리카   아프리카   오세아니아

🔺 반 고흐, 〈감자를 먹는 사람들〉

신항로 개척 이후 유럽 사람들은 ＿＿＿＿＿＿＿ 대륙에서 감자를 들여와 먹었어요. 감자와 함께 옥수수도 들어왔지요. 이처럼 신항로 개척은 유럽 사람들의 식생활에도 많은 영향을 끼쳤어요.

4 밑줄 친 ㉠과 ㉡의 의미 관계와 비슷한 말로 짝 지어진 것은 무엇인가요?   (   )

어휘 표현

① 수영 – 축구   ② 겨울 – 방학   ③ 후추 – 조미료

 오늘의 **한** 문장 정리

유럽 사람들은 동방의 나라들과 무역을 하기 위해 ＿＿＿＿＿＿＿＿ 를 개척했어요.

1일차
백과사전

지문분석 동영상강의

신항로 개척이 바꾼 사람들의 생활 모습

🏠 에듀윌백과사전   ×   +

← → C   https://encyeduwill.com/European_exploration   ☆

e 에듀윌백과사전   [신항로 개척   Q]   ≡

그림으로 알아보는 신항로 개척의 [㉠]

아메리카 대륙에서 온 감자

오른쪽 그림은 유럽 농부의 식탁을 그린 그림이에요. 천장에 **매달린** 등불이 낡은 집 안을 비추고, 그 아래 식탁에 사람들이 모여 앉아 차를 마시고 감자를 먹고 있어요.

감자는 신항로 개척 이후 유럽에 전해졌어요. 처음에 유럽 사람들은 땅속에서 나는 감자를 이상하게 여겨 먹으면 병에 걸린다고 생각했어요. 그러나 감자는 **비옥하지** 않은 땅에서도 잘 자랄 뿐만 아니라 다른 작물에 비해 영양가도 풍부해 가난에 굶주린 유럽 사람들이 즐겨 먹었고, 유럽 사람들의 주요 식량으로 자리 잡았어요.

🔵 반 고흐, 〈감자를 먹는 사람들〉

다양한 문화가 합쳐진 카니발

브라질의 카니발은 원래는 크리스트교의 전통 축제로, 고기를 먹으며 즐겁게 노는 행사예요. 유럽 사람들이 즐기던 카니발은 신항로 개척 이후 아메리카에 전해졌어요. 세계 3대 축제 중 하나인 브라질의 리우 카니발은 포르투갈 사람들을 통해 전해 온 문화가 화려한 **퍼레이드** 축제로 바뀐 것이에요. 퍼레이드 때 음악에 맞춰 삼바 춤을 춰서 '삼바 카니발'이라고도 해요. 삼바 춤은 아프리카에서 끌려온 흑인 노예들에 의해 시작되었고, 여러 요소가 합쳐지면서 브라질의 민속춤이 되었어요.

🔵 브뤼헐, 〈카니발과 사순절의 싸움〉

- 매달리다 줄이나 실, 끈 등에 의해 어떤 곳에 달려 있게 되는 것을 말해요.
- 비옥하다 흙에 식물이 잘 자랄 수 있게 하는 성분이 많이 들어 있는 것을 말해요.
- 퍼레이드 축제나 축하 등으로 많은 사람이 거리를 화려하게 줄지어 가는 일을 말해요.

오늘의날짜　　　**월**　　　**일**

1　㉠에 들어갈 알맞은 말은 무엇인가요?　　　　　　　　　　（　　　　）

① 교훈　　　　　　② 영향　　　　　　③ 종말　　　　　　④ 문제점

2　다음 (　　　) 안에 들어갈 알맞은 종교는 무엇인가요?　　　（　　　　）

> 브라질의 카니발은 원래는 (　　　)의 전통 축제였어요.

① 청교도　　　　　② 힌두교　　　　　③ 이슬람교　　　　④ 크리스트교

3　유럽에서 아메리카로 전해진 것을 골라 ○표 하세요.

| 식탁 | 옥수수 | 카니발 | 삼바 춤 |

4　이 백과사전의 내용으로 맞으면 ○표, 틀리면 ×표 하세요.

(1) 신항로 개척으로 유럽 사람들의 식생활이 변화했어요.　　　　（　　　　）

(2) 리우 카니발에서 추는 삼바 춤은 포르투갈의 민속춤이에요.　　（　　　　）

(3) 유럽 사람들은 처음에 감자를 먹으면 병에 걸린다고 생각했어요.　（　　　　）

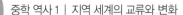

2일차 글

지문분석 동영상강의

찬란했던 아메리카 대륙의 문명을 파괴한 사람들은 누구일까요?

세계 문화 발자취

● 1521년 아스테카 제국 멸망

아스테카 제국의 피라미드형 신전

● 1533년 잉카 제국 멸망

마추픽추

● 14~16세기 동남아시아, 향신료 무역 성행

● 1643년 프랑스, 루이 14세 즉위

1 문단 아메리카 대륙에서는 아스테카 제국과 잉카 제국이 문명을 이끌며 발전했어요. 오늘날 멕시코 땅에 있던 아스테카는 피라미드처럼 생긴 신전을 짓고 태양신을 섬겼어요. 아스테카의 수도에는 20만 명이 살아 시장이 발달했어요. 코코아 열매로 처음 초콜릿을 만든 것도 아스테카였어요. 오늘날 칠레 땅에 위치해 있던 잉카는 한반도 길이의 4배에 달하는 남북으로 길고 거대한 제국이었어요. 잉카의 고대 도시 '마추픽추'에서 잉카인들의 모습을 엿볼 수 있어요. 마추픽추는 매우 높고 깊은 산속에 있는 도시라 평평한 땅이 없었어요. 그래서 잉카인들은 **산비탈**에 계단 모양으로 밭을 만들어 농사를 지었어요. ㉠또 20톤이 넘는 크고 무거운 돌을 쌓아 성벽을 만들고, 엄청난 길이의 도로도 만들었지요.

2 문단 하지만 아스테카와 잉카는 유럽 사람들이 신항로 개척을 시작하면서 서서히 파괴되었어요. 에스파냐의 **코르테스**는 아스테카를 공격해서 황제를 **사로잡고** 나라를 빼앗았어요. 잉카에는 에스파냐의 **피사로**가 쳐들어왔어요. 피사로는 총으로 사람들을 공격하고 온 나라의 금을 빼앗아 갔어요. 결국 이 두 나라는 멸망하고 말았습니다.

3 문단 아메리카를 식민지로 삼은 에스파냐는 원주민들을 노예로 만들어 광산이나 사탕수수, 담배를 재배하는 대농장에서 일을 시켰어요. ㉡일이 너무 힘든 데다가 천연두, 홍역과 같은 전염병까지 돌자 많은 원주민들이 목숨을 잃었어요. 노예들이 부족해지자 유럽 사람들은 이번에는 아프리카 사람들을 노예로 사들여 아메리카로 끌고 갔어요. 이것을 '노예 무역'이라고 해요. 노예 무역으로 인해 수많은 아프리카인들이 **희생되었답니다**.

아스테카 문명과 잉카 문명

- **산비탈** 산에 가파르게 기울어져 있는 곳이에요.
- **사로잡다** 사람이나 짐승 등을 산 채로 잡는 것을 말해요.
- **희생되다** 어떤 목적 때문에 목숨, 재산, 명예, 이익 등이 바쳐지거나 버려지는 것 또는 빼앗기게 되는 것을 말해요.

오늘의날짜   월   일

1
세부 내용

유럽인들이 아메리카의 노예들에게 시킨 일이 <u>아닌</u> 것은 무엇인가요?   (   )

① 광산에서 일을 시켰어요.

② 대농장에서 일을 시켰어요.

③ 아프리카 사람들을 끌고 오게 했어요.

2
내용 추론

밑줄 친 ㉠을 이해한 내용으로 알맞은 것은 무엇인가요?   (   )

① 마추픽추는 아스테카의 중심지였어요.

② 마추픽추는 아메리카 대륙에서 가장 작은 도시였어요.

③ 마추픽추는 잉카인들의 뛰어난 건축 기술을 보여 줘요.

3
어휘 표현

밑줄 친 ㉡과 어울리는 속담으로 알맞은 것은 무엇인가요?   (   )

① 눈 위에 서리 친다: 어렵거나 나쁜 일이 겹쳐 일어난다.

② 같은 값이면 다홍치마: 값이 같거나 같은 노력을 한다면 품질이 좋은 것을 택한다.

③ 구슬이 서 말이라도 꿰어야 보배: 아무리 훌륭하고 좋은 것이라도 다듬고 정리하여 쓸모 있게 만들어 놓아야 값어치가 있다.

4
내용 요약

이 글의 내용을 요약했어요. (   ) 안에 들어갈 알맞은 말을 찾아 쓰세요.

(❶) 제국	(❷) 제국
• 피라미드처럼 생긴 신전을 짓고 태양신을 섬김. • 시장이 발달함. • 에스파냐의 코르테스가 쳐들어옴.	• 마추픽추라는 도시에서 생활함. • 산비탈에 계단 모양으로 밭을 만듦. • 에스파냐의 피사로가 쳐들어옴.

에스파냐가 두 제국을 식민지로 삼아 원주민들을 노예로 동원했음.

❶ _____   ❷ _____

 오늘의 **한** 문장 정리

유럽이 아메리카와 아프리카를 식민지로 삼고 원주민들을 _____ 로 부려 많은 사람들이 목숨을 잃었어요.

2일차
온라인 대화

아메리카와 아프리카 원주민의 비극

1

< 세계사 숙제 모임 (3)

지은
아메리카와 아프리카의 비극에 대한 자료 조사는 했지?

성훈
응. 나는 아메리카 대륙의 두 문명을 중심으로 조사했어.

성훈
잉카 사람들이 해발 2,430m의 높은 산 위에 지은 도시 '마추픽추'야.

지은
잉카인들은 건축 기술이 뛰어났네!

성훈
응. 그리고 아스테카 사람들도 거대한 규모의 도시를 만들고, 고유의 문자와 달력까지 사용했대.

현수
그랬던 아스테카 문명과 잉카 문명이 파괴되다니…….

성훈
유럽 사람들이 신항로를 개척하면서 파괴됐지. 에스파냐는 아스테카와 잉카 제국을 완전히 정복했어. 이 그림들을 좀 볼래?

2

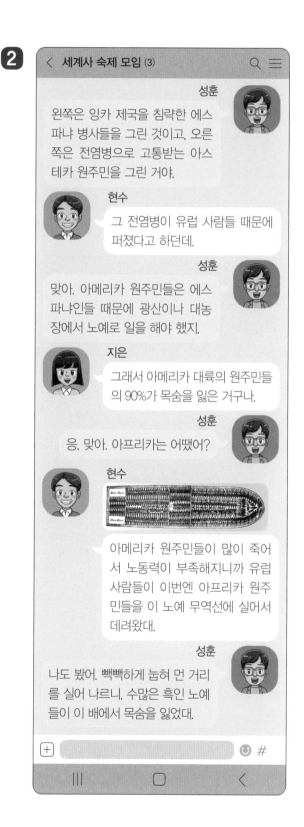

< 세계사 숙제 모임 (3)

성훈
왼쪽은 잉카 제국을 침략한 에스파냐 병사들을 그린 것이고, 오른쪽은 전염병으로 고통받는 아스테카 원주민을 그린 거야.

현수
그 전염병이 유럽 사람들 때문에 퍼졌다고 하던데.

성훈
맞아. 아메리카 원주민들은 에스파냐인들 때문에 광산이나 대농장에서 노예로 일을 해야 했지.

지은
그래서 아메리카 대륙의 원주민들의 90%가 목숨을 잃은 거구나.

성훈
응, 맞아. 아프리카는 어땠어?

현수
아메리카 원주민들이 많이 죽어서 노동력이 부족해지니까 유럽 사람들이 이번엔 아프리카 원주민들을 이 노예 무역선에 실어서 데려왔대.

성훈
나도 봤어. 빽빽하게 눕혀 먼 거리를 실어 나르니, 수많은 흑인 노예들이 이 배에서 목숨을 잃었대.

1 아메리카 대륙에 있던 나라가 <u>아닌</u> 것을 골라 ○표 하세요.

| 잉카 제국 | 비잔티움 제국 | 아스테카 제국 |

2 다음 빈칸에 들어갈 알맞은 지역을 이 대화에서 찾아 쓰세요.

> 유럽 사람들은 아메리카 원주민이 줄어들어 노동력이 부족해지자 _____ 에서 흑인을 노예로 데려왔어요.

3 다음 도시를 세운 나라는 어디인가요?　　　　　　　(　　　)

① 잉카 제국
② 오스만 제국
③ 아스테카 제국
④ 페르시아 제국

🔺 높은 산 위에 지은 도시 '마추픽추'

4 이 대화의 내용으로 맞으면 ○표, 틀리면 ×표 하세요.

(1) 수많은 흑인 노예가 항해 도중에 목숨을 잃었어요. 　　　　　(　　　)
(2) 아메리카로 끌려온 흑인 노예들은 사치스러운 생활을 즐겼어요. 　(　　　)
(3) 유럽 사람들이 퍼뜨린 전염병으로 수많은 원주민이 목숨을 잃었어요. 　(　　　)
(4) 아스테카 제국과 잉카 제국은 포르투갈 사람들에 의해 정복되었어요. 　(　　　)

3일차
글

지문분석 동영상강의

세계의 상인들이 동남아시아로 몰려든 까닭은 무엇일까요?

세계 문화 발자취

- **1533년** 잉카 제국 멸망
- **14~16세기** 동남아시아, 향신료 무역 성행

육두구

후추

- **1558년** 영국, 엘리자베스 1세 즉위
- **1643년** 프랑스, 루이 14세 즉위

1문단 냉장고가 없던 중세 유럽에서는 음식을 어떻게 오랫동안 저장했을까요? 중세 시대에 유럽 사람들은 음식을 소금에 절여 보관하거나, 건조시키거나, **발효시켜서** 보관했어요. 하지만 그렇게 해도 음식이 금방 상하고, 맛이 아주 뛰어나지는 않았지요. 이때 유럽 사람들에게 마법의 가루 **향신료**가 전해졌어요. 요리를 할 때 향신료를 쓰니 음식이 훨씬 맛있어지고, 또 음식을 오래 보관하는 데도 효과가 좋았어요. 향신료를 맛본 유럽인들은 이제 향신료를 넣지 않은 음식은 어딘가 허전하다고 느꼈어요. 하지만 당시 향신료는 이슬람 상인들만 팔고 있었기 때문에 그 가격이 금이나 은만큼 비쌌어요. 유럽 사람들은 신항로 개척을 통해 이슬람 상인을 통하지 않고 직접 향신료를 얻으려고 했어요.

2문단 동남아시아는 태평양과 **인도양**을 잇는 곳에 자리 잡고 있었기 때문에 향신료 무역을 할 때 아주 중요한 역할을 했어요. 베트남의 호이안은 중국과 일본 상인들은 물론 유럽의 포르투갈, 네덜란드 상인들까지 찾아올 정도로 큰 무역 항구였어요. 또, 인도네시아 근처에 있는 말루쿠 제도는 후추, 계피 등 값비싼 향신료가 많이 나는 곳이었어요. 포르투갈, 영국, 네덜란드 상인들은 이곳을 중심으로 치열한 무역 전쟁을 펼쳤어요. 그래서 말루쿠 제도는 '향신료의 제도'라고 불리기도 했어요. 말루쿠 제도의 시장에서는 수십 개의 언어가 쓰였다고 하니, 얼마나 많은 나라에서 향신료를 사기 위해 말루쿠 제도에 왔는지 짐작할 수 있어요.

📍 동서 간 무역의 중심에 있었던 이슬람 상인

이슬람 상인은 낙타를 타고 다니며 동서 무역을 주도하였어요. 이슬람 상인들이 주로 거래한 상품은 인도, 동남아시아 등에서 생산된 향신료였어요.

- **발효시키다** 효모(세균의 한 종류)나 미생물로 유기물을 분해하고 변화시키는 것을 말해요.
- **향신료** 음식에 맵거나 향기로운 맛을 더하는 조미료예요.
- **인도양** 오대양의 하나로, 아시아, 오스트레일리아, 아프리카 대륙과 남극 대륙에 둘러싸여 있어요.

오늘의날짜   월   일

2주

1

중심 내용

이 글의 중심 내용으로 알맞은 것은 무엇인가요?   (   )

① 향신료 사용의 장단점

② 중세 시대의 향신료 무역

③ 말루쿠 제도에서 사용된 언어

④ 중세 유럽에서 생산된 후추와 계피

2

세부 내용

다음 중 동남아시아가 <u>아닌</u> 나라는 어디인가요?   (   )

① 베트남   ② 네덜란드   ③ 인도네시아

3

세부 내용

이 글의 내용으로 알맞은 것은 무엇인가요?   (   )

① 이슬람 사람들만 향신료를 살 수 있었어요.

② 유럽 사람들은 향신료를 인도네시아에 팔았어요.

③ 유럽 사람들은 음식을 오랫동안 보관할 줄 몰랐어요.

④ 말루쿠 제도는 값비싼 향신료가 많이 나는 곳이었어요.

4

내용 추론

이 글을 읽고 보인 반응으로 알맞지 <u>않은</u> 것은 무엇인가요?   (   )

① 음식에 향신료를 넣으면 더 오래 보관할 수 있구나.

② 네덜란드에서는 음식 맛을 좋게 하려고 후추를 사용했겠구나.

③ 말루쿠 제도의 상인은 포르투갈에서 향신료를 들여와 되팔았구나.

😊 오늘의 **한** 문장 정리

중세 시대에는 포르투갈, 네덜란드, 중국 등 여러 나라에서 ＿＿＿＿＿＿＿＿ 제도에 와서 향신료를 샀어요.

3일차 온라인 전시회

자문분석 동영상강의

유럽이 사랑한 동남아시아의 특산물 ★★★

QR코드를 찍어 중세 시대의 무역에 대해 알아보아요.

특별전시 안내 　동서 무역

① 이슬람 상인의 무역로
② ㉠ 무역
③ 유럽 사람들의 생활 모습 변화

2 ㉠ 무역

● 동남아시아와 해상 무역

호이안
이라비아로부터
믈라카
수마트라섬
보르네오섬
자바섬

▲ 육두구　　▲ 정향
▲ 후추　　▲ 계피

　동남아시아는 해상 무역이 발전하는 데 좋은 위치에 있어요. 이곳에서 생산된 **육두구**, **후추**, **계피**와 같은 향신료는 음식 재료뿐만 아니라 약재로도 인기가 높았지요. 이슬람 상인은 유럽 각 지역에 향신료를 공급하면서 무역을 주도했어요.

● 동남아시아의 주요 무역지

호이안

　중국, 일본 상인은 물론 포르투갈과 네덜란드 상인까지 찾아드는 국제 무역항이었어요.

믈라카

　무역으로 번성했고, 동남아시아 최초로 이슬람교를 믿는 나라가 세워지기도 했어요.

자바섬

　마자파힛 왕조가 등장하여 인도네시아의 전 지역을 차지하며 향신료 무역을 **독점했어요.**

• 해상 바다의 위라는 뜻이에요.
• 육두구 살구처럼 생긴 열매로, 특별한 향과 맛이 있어 유럽에서 인기가 높았던 값비싼 향신료예요.
• 마자파힛 왕조 인도네시아 자바섬에 세워진 힌두교를 믿었던 왕조예요.
• 독점하다 혼자서 다 가지는 것을 말해요.

오늘의 날짜   월   일

1 ㉠에 들어갈 말로 알맞은 것은 무엇인가요?   (   )

① 금   ② 노예   ③ 밀가루   ④ 향신료

2주

2 다음 빈칸에 들어갈 재료로 알맞지 <u>않은</u> 것은 무엇인가요?   (   )

> 이슬람 상인은 유럽 각 지역에 동남아시아에서 생산된 _____ 와/과 같은 향신료를 공급하면서 무역을 주도했어요.

①  ▲ 계피

②  ▲ 정향

③  ▲ 감자

④  ▲ 후추

3 이 전시의 내용으로 맞으면 ○표, 틀리면 ×표 하세요.

(1) 동남아시아는 해상 무역이 발전하는 데 좋은 위치에 있어요.   (   )
(2) 동남아시아에서 생산된 향신료는 약재로도 인기가 높았어요.   (   )
(3) 호이안에는 동남아시아 최초의 이슬람교를 믿는 나라가 세워졌어요.   (   )

4 다음에서 설명하는 무역지는 어디인가요?   (   )

마자파힛 왕조가 등장하여 인도네시아의 전 지역을 차지했어요.

① 믈라카
② 자바섬
③ 호이안
④ 말루쿠 제도

4일차

글

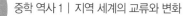

지문분석 동영상강의

절대 왕정 시대에 유럽의 문화와 과학은 어떤 발전을 이루었을까요?

세계 문화 발자취

● 1558년 영국, 엘리자베스 1세 즉위

● 1643년 프랑스, 루이 14세 즉위

● 17~18세기 프랑스, 베르사유 궁전 완성

● 18~19세기 표트르 대제, 여름 궁전 건설

📍 **루이 14세와 왕권신수설**

프랑스의 루이 14세는 '왕권신수설'을 내세우며 왕의 절대적인 힘을 강조했어요. 왕권신수설이란 국왕의 왕권은 신으로부터 받은 것이라는 말로, 왕권을 신성시하고 왕의 말을 무조건 따라야 하는 것으로 여겼어요.

1문단 16~18세기, 유럽에서는 국왕이 강력한 힘을 가진 '절대 **왕정**'이 나타났어요. 절대 왕정을 대표하는 인물인 프랑스의 **루이 14세**는 자기 자신을 '태양왕'이라고 하며, 왕의 힘을 보여 주기 위해 40년에 걸쳐 화려한 베르사유 궁전을 ☐㉠☐. 절대 왕정을 이어 나가기 위해 왕은 자신을 지켜 줄 수 있는 강력한 군대와, 왕의 명령을 먼 도시까지 전달할 부하들이 필요했어요. 그러다 보니 돈도 많이 필요했지요. 그래서 절대 왕정 시대의 왕들은 나라의 돈을 벌기 위해 다른 나라를 식민지로 만들거나 사람들이 무역을 잘할 수 있게 도움을 주기도 했답니다.

2문단 절대 왕정 시대에는 문화의 중심에도 왕실이 있었어요. 당시 프랑스 왕실에는 '살롱'이라는 모임이 있었어요. 이 모임은 처음에는 왕족들에게 우아한 말투와 예절을 가르치기 위해 시작되었지만, 점차 귀족들이 예술가, 지식인과 함께 토론을 하고 시를 읽거나 노래를 부르는 모임으로 바뀌었어요. 한편, 영국에서는 부패한 정치와 사회 문제에 대해 비판하는 사람들도 많았는데, **스위프트**의 《걸리버 여행기》와 **디포**의 《로빈슨 크루소》 등이 바로 그러한 내용을 담은 문학 작품이에요.

3문단 또, 이 시기에는 과학도 크게 발전했어요. 영국의 **뉴턴**은 우주에 있는 모든 물체가 서로를 끌어당기는 힘을 가지고 있다는 것을 알아냈어요. 이것을 '**만유인력**의 법칙'이라고 해요. 영국의 의사 **제너**는 **두창**이라는 전염병을 막아 주는 예방 접종 방법을 알아냈고, 프랑스의 화학자 **라부아지에**는 공기 중에 산소가 있다는 것을 발견했지요. 과학의 눈부신 발전으로 사람들이 세상을 보는 시선도 크게 달라져 '과학 혁명'이라고 부를 수 있을 정도였어요.

• 왕정 왕이 다스리는 정치를 말해요.
• 만유인력 질량을 가지고 있는 모든 물체가 서로 잡아당기는 힘을 말해요.
• 두창 천연두 바이러스가 일으키는 감염병으로, 열이 나고 온몸에 발진이 생기는 병이에요.

1

어휘 표현

㉠에 들어갈 알맞은 말은 무엇인가요? 　　　　　　　(　　　)

① 찢었어요　　　　　　② 지었어요　　　　　　③ 짖었어요

2

세부 내용

다음 (　　　) 안에 들어갈 알맞은 말을 골라 ○표 하세요.

> 절대 왕정 시대에 프랑스에서는 (살롱 , 베르사유)(이)라는 모임에서 귀족, 여러 예
> 술가와 지식인이 모여서 토론을 하고 시를 읽거나 노래를 불렀어요.

3

세부 내용

이 글을 읽고 인물과 인물이 한 일을 알맞게 줄로 이으세요.

뉴턴　・

제너　・

라부아지에　・

・공기 중에 산소가 있다는 것을
발견했어요.

・모든 물체는 서로 끌어당기는 힘을
가지고 있다는 것을 발견했어요.

・두창이라는 전염병의 예방
접종 방법을 알아냈어요.

4

내용 추론

프랑스의 루이 14세의 생각으로 알맞지 <u>않은</u> 것은 무엇인가요? 　　　(　　　)

① 나를 지켜 줄 수 있는 아주 강력한 군대를 만들 거야.

② 내 명령을 먼 도시까지 전달할 능력 있는 부하들을 두었지.

③ 우리의 왕은 태양의 신이므로 나와 백성들은 모두 태양신을 모셔야 해.

 오늘의 **한** 문장 정리

> 　절대 왕정 시대에는 ＿＿＿＿＿＿＿＿＿ 이 강력한 힘을 가지고 국가를 다스렸고, 과학이 크게
> 발전하였어요.

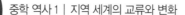

4일차
카드뉴스

유럽의 절대 왕정이 남긴 문화유산

유럽의 절대 왕정을 상징하는 문화유산

01 에스파냐의 무적함대

유럽에서 가장 먼저 절대 왕정을 이룬 에스파냐의 펠리페 2세가 무적함대를 만들어 지중해를 차지했어요.

02 영국의 동인도 회사

엘리자베스 1세는 에스파냐의 무적함대를 물리쳤어요. 아메리카 대륙에 식민지를 세웠으며, 인도에 동인도 회사를 세웠어요.

03 프랑스의 베르사유 궁전

루이 14세는 스스로를 '태양왕'이라고 부르며 자신의 위대함을 과시하고, 화려한 베르사유 궁전을 만들었어요.

04 러시아의 상트페테르부르크

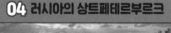

서유럽의 문화와 제도를 적극적으로 받아들이려고 한 표트르 대제는 상트페테르부르크라는 도시를 만들어 수도로 삼았어요.

05 프로이센의 상수시 궁전

"국민의 행복은 왕의 이익보다 중요하다." 라고 말한 프리드리히 2세는 프랑스의 베르사유 궁전을 본떠 상수시 궁전을 지었어요.

• 대제 황제를 높여 부르는 말이에요.

오늘의날짜   월   일

1 나라와 각 나라의 절대 왕정을 상징하는 문화유산을 알맞게 줄로 이으세요.

영국 ·   · 무적함대

러시아 ·   · 동인도 회사

에스파냐 ·   · 상트페테르부르크

2 다음 문화유산을 남긴 나라와 왕이 바르게 짝 지어진 것은 무엇인가요?   (   )

△ 베르사유 궁전

① 영국 – 루이 14세
② 프랑스 – 루이 14세
③ 영국 – 엘리자베스 1세
④ 프랑스 – 엘리자베스 1세

3 다음 빈칸에 들어갈 문화유산으로 알맞은 것은 무엇인가요?   (   )

프리드리히 2세는 프랑스의 베르사유 궁전을 본떠 ＿＿＿＿＿＿＿ 을 지었어요.

①
△ 크렘린 궁전

②
△ 상수시 궁전

③
△ 타지마할

④
△ 술탄 아흐메트 사원

4 이 카드뉴스의 내용으로 맞으면 ○표, 틀리면 ×표 하세요.

(1) 루이 14세는 스스로를 '태양왕'이라고 불렀어요.   (   )
(2) 영국은 유럽에서 가장 먼저 절대 왕정을 이루었어요.   (   )
(3) 프리드리히 2세는 국민의 행복은 왕의 이익보다 중요하다고 말했어요.   (   )

5일차 글

프랑스 시민들이 감옥을 공격한 까닭은 무엇일까요?

지문분석 동영상강의

세계 문화 발자취

● 1643년 프랑스, 루이 14세 즉위

● 1789년 프랑스 혁명 시작

루이 16세 처형

● 1794년 프랑스, 삼색기를 공식 국기로 지정

● 1804년 프랑스, 나폴레옹의 황제 즉위

나폴레옹

○ **테니스 코트의 서약**

프랑스에서 제3 신분인 평민 의원들이 베르사유 궁전의 테니스 코트에 모여 왕정에 저항한 사건으로, 프랑스 혁명의 계기가 되었어요.

○ **프랑스의 삼색기**

1 문단 18세기 프랑스에서는 절대 왕정 시대가 이어지고 있었어요. 왕이 가장 강력한 힘을 가지고 있었고, 사람은 태어날 때부터 각자의 신분이 정해져 있었지요. 그래서 제1 신분인 성직자나 제2 신분인 귀족에게는 편한 세상이었지만, ㉠제3 신분인 평민들은 그렇지 않았어요.

"제1, 제2 신분은 땅을 많이 가지고 있으면서 세금은 내지 않고 있어요!"

"맞습니다. 그런데 세금을 많이 내는 우리의 말은 들어주지도 않아요!"

그러던 중 세금에 관한 문제 때문에 제1, 2, 3 신분의 대표들이 모이는 회의가 열렸어요. 평민들은 그동안 쌓인 불만을 해결하고자 했지만 받아들여지지 않았지요. 결국 ㉡이들은 테니스 코트에 모여 새로운 법을 만들어 주지 않으면 흩어지지 않겠다고 맹세했어요. 왕과 귀족들은 ㉢이들을 두고만 보지 않고 군대를 보내 힘으로 제압하려고 했지요. 그러자 화가 난 시민들은 왕권에 맞서는 사람들을 가두던 바스티유 감옥으로 쳐들어갔어요. 이렇게 시작된 프랑스 혁명은 전국으로 퍼지게 되었어요. 이들은 귀족을 공격하고 땅을 빼앗기도 했지요. ㉣왕과 귀족들은 결국 물러설 수밖에 없었어요. 이들은 귀족들도 세금을 내게 하고, 시민들을 함부로 부리지 못하게 했어요. 또 모든 인간은 자유롭고 평등하다는 내용을 담은 〈인권 선언〉을 발표했어요.

2 문단 프랑스의 국가에는 이런 가사가 있어요.

"무기를 들어라, 시민들이여! 무리를 지어라 행진하자, 행진하자!"

이렇듯 프랑스에는 프랑스 혁명의 정신이 **깃든** 것들이 많이 남아 있어요. 원래 프랑스는 왕실을 상징하는 흰색 국기를 사용했어요. 이후 프랑스 혁명 당시의 시민들을 상징하는 빨간색과 파란색이 더해져 오늘날 프랑스의 국기인 삼색기가 탄생한 것이지요. 삼색기의 파란색, 흰색, 빨간색은 각각 자유, 평등, **우애**를 뜻하는데, 이것은 모두 프랑스 혁명의 정신을 나타내요.

· **깃들다** 감정, 생각, 노력 같은 것이 어리거나 스미는 것을 말해요.
· **우애** 형제간 또는 친구 간의 사랑이나 애정을 말해요.

오늘의 날짜　　　　**월**　　　**일**

1 프랑스 삼색기의 '흰색'이 의미하는 것은 무엇인가요?　　　　　　(　　　　　)

세부 내용
① 시민　　　　　　② 우애　　　　　　③ 자유　　　　　　④ 평등

2 이 글과 다음 그림을 이해한 내용으로 알맞지 <u>않은</u> 것은 무엇인가요?　　(　　　　　)

내용 추론

① 제3 신분만 세금을 내고 있었어요.

② 제1, 2, 3 신분은 평등하지 않았어요.

③ 제2 신분은 제1 신분을 노예로 만들었어요.

3 밑줄 친 ㉠~㉣ 중 가리키는 사람이 <u>다른</u> 것은 무엇인가요?　　　　(　　　　　)

세부 내용
① ㉠　　　　　　② ㉡　　　　　　③ ㉢　　　　　　④ ㉣

4 이 글을 읽고 다음 내용을 일어난 순서대로 알맞게 기호를 쓰세요.

내용 요약

> (개) 시민들이 바스티유 감옥으로 쳐들어갔어요.
>
> (내) 시민들이 테니스 코트에 모여 새로운 법을 만들어 달라고 했어요.
>
> (대) 세금에 관한 문제로 제1, 2, 3 신분의 대표들이 모이는 회의가 열렸어요.

(　　　　) ➡ (　　　　) ➡ (　　　　)

 오늘의 **한** 문장 정리

프랑스에서는 시민들이 왕과 귀족에 맞서 _____ 혁명을 일으켰어요.

5일차 신문기사

지문분석 동영상강의

프랑스 혁명의 정신을 찾아서

🏠 에듀윌뉴스   ×   +

← → C   https://eduwillnews.com/French_revolution   ☆

뉴스홈   다시보기   커뮤니티   **ⓔ 에듀윌뉴스**

속보 | 정치 | 경제 | 사회 | 국제 | 문화 | 연예 | 날씨 | 스포츠

[특집] 혁명의 정신이 담긴 프랑스의 국기와 국가

프랑스의 국기는 삼색으로 이루어져 있다. 원래 프랑스 왕실은 흰색 국기를 사용했는데, 프랑스 혁명 당시 시민들이 파랑, 하양, 빨강으로 이루어진 표지를 모자에 붙이고 자유, 평등, 우애를 외쳤고, 이것이 삼색기의 유래가 되었다. 나중에는 프랑스를 상징하는 국기로 자리 잡았다. 프랑스 혁명의 정신과 혁명의 정신이 담긴 삼색기는 유럽의 다른 나라로 퍼져 나갔다. 프랑스 혁명을 지지했던 아일랜드와 이탈리아 등도 프랑스 국기와 비슷한 모양으로 자신들이 좋아하는 세 가지 색을 이용해 삼색기를 만들기도 했다. 또한, 프랑스 **혁명군**이 행진하면서 불렀던 노래인 〈라 마르세예즈〉는 오늘날 프랑스의 국가로 불리고 있다.

🔺 오늘날 프랑스의 국기

🔺 라 마르세예즈

총 의견 수 2개   ⟳새 글 보기   최신순   추천순   반대순

└ 아~ 그래서 아일랜드와 이탈리아의 국기도 세 가지 색이었던 것이군요?
└ 프랑스의 국가를 들으면 프랑스 혁명군의 [㉠   ] 이/가 느껴져요!

• **혁명군** 혁명을 이끄는 군대를 말해요.

오늘의 날짜   월   일

1 프랑스의 삼색기가 나타내는 정신이 <u>아닌</u> 것을 골라 ○표 하세요.

열정	우애	자유	평등

2 다음 중 이탈리아의 국기는 무엇인가요?   (   )

①  ②   ③   ④

3 이 신문기사의 내용으로 맞으면 ○표, 틀리면 ×표 하세요.

(1) 〈라 마르세예즈〉는 오늘날 프랑스의 국가예요.   (   )

(2) 프랑스의 삼색기는 유럽의 다른 나라들에도 퍼져 나갔어요.   (   )

(3) 프랑스 혁명 이전에 프랑스 왕실에서는 파란색 국기를 사용했어요.   (   )

4 ㉠에 들어갈 알맞은 말은 무엇인가요?   (   )

① 의지   ② 게으름   ③ 부유함   ④ 좌절감

1 밑줄 친 말의 뜻을 알맞게 줄로 이으세요.

감자는 **비옥하지** 않은
땅에서도 잘 자라요.

산에 가파르게
기울어져 있는 곳

중세 유럽 사람들은
음식을 **발효시켜** 보관했어요.

왕이 다스리는 정치

잉카인들은 **산비탈**에 계단
모양으로 밭을 만들었어요.

효모나 미생물로 유기물을
분해하고 변화시키다.

오늘날 리우 카니발은 화려한
퍼레이드 축제로 바뀌었어요.

새로운 영역, 운명, 진로
등을 처음으로 열어 나감.

프랑스의 루이 14세는
절대 **왕정**을 대표하는 인물이에요.

축제 등으로 많은 사람이
거리를 화려하게 줄지어 가는 일

동방으로 가는 새로운 뱃길을 찾던
것을 '신항로 **개척**'이라고 해요.

흙에 식물이 잘 자랄 수 있게
하는 성분이 많이 들어 있다.

2 밑줄 친 말과 뜻이 비슷한 낱말을 〈보기〉에서 찾아 빈칸에 쓰세요.

―――――〈보기〉―――――

죽다   쓰다   멸망하다   사로잡다   독차지하다

(1) 수많은 아프리카인들이 노예 무역으로 인해 <u>희생되었어요.</u>   _____

목숨, 재산, 명예 등이 바쳐지거나 버려지는 것 또는 빼앗기게 되다.

(2) 코르테스는 아스테카의 황제를 <u>생포하고</u> 나라를 빼앗았어요.   _____

산 채로 잡다.

(3) 마자파힛 왕조가 향신료를 <u>독점해</u> 자바섬에서 무역을 했어요.   _____

혼자서 다 가지다.

(4) 잉카와 아스테카 제국은 에스파냐에 의해 <u>몰락하고</u> 말았어요.   _____

망해서 완전히 없어지다.

(5) 《동방견문록》은 마르코 폴로가 동방을 여행하며 본 것을 <u>기록한</u> 책이에요.   _____

어떤 사실을 적다.

3 다음 (   ) 안에 들어갈 알맞은 말을 골라 ○표 하세요.

(1) 프랑스에는 프랑스 혁명의 정신이 (**긷든** , **깃든**) 유산이 많아요.

(2) 신항로 개척 이후 유럽 사회는 큰 변화를 (**맏이** , **맞이**)하였어요.

(3) 잉카 제국에는 피사로가 (**처들어와** , **쳐들어와**) 나라를 빼앗았어요.

(4) 만유인력은 질량을 가진 물체가 서로 (**잡아당기는** , **잡아땅기는**) 힘이에요.

(5) 〈감자를 먹는 사람들〉에는 천장에 (**매달린** , **메달린**) 등불이 집 안을 밝히고 있어요.

집으로 가는 길 찾기

🗨️ 어린이가 집으로 가려고 해요. 집에 도착할 수 있게 알맞은 길을 찾아 줄을 그어요.

숨은그림찾기

🪐 아래 상자 안의 그림들이 큰 그림에 숨어 있어요. 숨은 그림들을 찾아 ◯표 하세요.

3주

1일

산업 혁명의 빛

1814년

영국의 스티븐슨이 처음
증기 기관차를 만들었어요.

2일

산업 혁명의 그림자

18~19세기

산업 혁명으로 여러
사회 문제가 나타났어요.

1776년

미국이 영국으로부터
독립했어요.

연표를 따라가며 **3주차**에 만날 **근대 유럽과 아메리카의 주요 문화와 사건**을 살펴보세요.

3일

미국 남북 전쟁

1861년

미국 북부와 남부가 맞서
싸운 남북 전쟁이 일어났어요.

4일

제국주의의 등장

19세기

강력한 군대를 앞세운
제국주의 국가들이 등장했어요.

5일

제국주의와
만국 박람회

1889년

프랑스 파리의 만국 박람회에서
에펠탑을 처음으로 선보였어요.

1863년
링컨이 노예 해방령을
발표했어요.

지문분석 동영상강의

1일차
글

산업 혁명의 싹을 틔운 기계는 무엇일까요?

세계 문화 발자취

- 1764년 하그리브스, 제니 방적기 발명
- 1779년 크럼프턴, 물 방적기 발명

- 1829년 스티븐슨, 증기 기관차 '로켓호' 완성

ᴱ ROCKET of ...

- 1844년 모스, 최초로 전신기 사용

1 문단 영국은 옛날부터 양털로 만든 **모직물**로 옷을 만들어 입었어요. 그런데 17세기 후반, 인도로부터 목화솜으로 만든 면직물이 들어왔어요. 면직물을 처음 본 사람들은 깜짝 놀랐어요. 모직물은 두껍고 뻣뻣한데, 면직물은 모직물보다 훨씬 가볍고 부드러웠기 때문이에요. 영국에서는 면직물이 엄청난 인기를 끌게 되었어요. 하지만 당시에는 사람이 직접 물레를 돌려 목화에서 실을 하나하나 뽑아냈기 때문에 작업 속도가 빠르지 않았어요. 영국의 **하그리브스**는 고민 끝에 한 사람이 한 번에 열여섯 가닥의 실을 뽑을 수 있는 기계인 '제니 방적기'를 발명했어요. 제니 방적기의 발명으로 실을 뽑는 속도가 이전보다 무려 8배나 빨라졌어요. 얼마 후에는 실로 천을 짜는 방직기도 발명되었어요. 그리고 **제임스 와트**가 기존 증기 기관의 단점을 없애고 새롭게 고치는 데 성공하여 사람 대신 기계가 면직물을 만들어 내기 시작했어요.

2 문단 면직물이 어마어마한 양으로 **생산되자**, 영국 사람들에게 새로운 골칫거리가 생겼어요. 면직물을 만들 재료와 완성된 면직물을 많이 나를 수 있는 방법이 없었던 것이에요. 이 문제를 해결하기 위해 영국의 **스티븐슨**이 증기 기관을 이용한 **운송** 수단인 증기 기관차를 만들었고, 사람들은 증기 기관차로 많은 양의 재료와 면직물을 빠르게 실어 나를 수 있게 되었어요. 먼 거리를 빠르게 갈 수 있게 되면서 먼 곳의 소식을 빠르게 전할 수 있는 **전신**, 전화가 발명되어 통신 수단도 크게 발달했어요. 방적기에서 시작하여 운송과 통신 수단에 이르기까지 여러 기계의 발명과 기술의 발전으로 영국 사회가 크게 변화한 것을 '산업 혁명'이라고 해요. 산업 혁명은 곧 여러 나라로 퍼져 나갔고, 많은 시간과 힘을 들여 농사짓는 일보다 공장에서 기계를 이용해 적은 시간으로 많은 물건을 만들어 내는 일이 더 중요해졌답니다.

◎ 증기 기관과 증기 기관차

제임스 와트가 새로 고쳐 만든 증기 기관은 더 적은 석탄으로 더 큰 힘을 쓸 수 있었어요.

◎ 증기 기관차

- **모직물** 털실로 짠 물건을 통틀어 부르는 말이에요.
- **생산되다** 인간이 생활하는 데 필요한 각종 물건이 만들어지는 것을 말해요.
- **운송** 사람을 태워 보내거나 물건 등을 실어 보내는 것을 말해요.
- **전신** 문자나 숫자를 전기 신호로 바꾸어 전파나 전류로 보내는 통신이에요.

오늘의 날짜   월   일

1

중심 내용

이 글의 중심 내용으로 알맞은 것은 무엇인가요?   (   )

① 영국의 발명가   ② 기차의 발전 과정
③ 영국의 산업 혁명   ④ 면직물의 장점과 단점

2

세부 내용

영국에서 면직물이 인기를 끌었던 이유는 무엇인가요?   (   )

① 두꺼워서   ② 양털로 만들어서
③ 가볍고 부드러워서   ④ 사람이 직접 만들어서

3

내용 추론

다음 광고의 내용으로 알맞지 <u>않은</u> 것은 무엇인가요?   (   )

> **이 시대 최고의 발명품 '제니 방적기'**
>
> 그동안 실을 뽑아내기 힘드셨죠? ①제임스 와트가 발명한 제니 방적기 전격 출시!
> ②한 번에 열여섯 가닥이나 뽑을 수 있다면 믿으시겠습니까? ③이전보다 무려 8배나
> 빨라진 속도를 직접 경험해 보세요!

4

내용 요약

이 글의 내용을 요약했어요. (   ) 안에 들어갈 알맞은 말을 찾아 쓰세요.

```
            영국의 산업 혁명
    ┌───────────┼───────────┐
  공업          운송          통신
```

공업	운송	통신
• 한 번에 많은 실을 뽑을 수 있는 제니 방적기 • 실로 천을 짜 내는 (❶)	많은 양의 생산물을 실어 나를 수 있는 (❷)	먼 곳의 소식을 빠르게 전할 수 있는 전신과 전화

❶ _____   ❷ _____

 오늘의 **한** 문장 정리

영국의 _____ 혁명으로 방적기와 증기 기관차, 전신과 전화 등이 만들어졌어요.

1일차
백과사전

지문분석 동영상강의

산업 혁명으로 변화한 유럽의 모습

🏠 에듀윌백과사전 　×　＋

←　→　C　https://encyeduwill.com/Industrial_revolution　☆

e 에듀윌백과사전　　산업 혁명　　🔍　　☰

산업 혁명은 유럽에 어떤 변화를 가져왔을까

과학·기술 | ⓐ 　⑦　 의 발달

　산업 혁명이 일어난 후, 더 많은 상품을 더 빨리 실어 나를 수 있는 교통수단이 필요해졌어요. 미국에서는 풀턴이 증기 기관을 이용한 증기선을 만들었고, 영국의 스티븐슨은 광산에서 석탄을 옮기는 용도의 증기 기관차를 만들었어요. 영국에서 세계 최초로 철도가 **개통된** 이후에는 여러 나라들이 철도 건설에 나서면서 철도망이 전 세계로 **확산되었어요.**

예술 | 인상주의의 등장

　산업 혁명 시기에는 물감이 만들어져서 직접 풍경을 보며 그림을 그리는 화가들이 늘어났어요. 한편, 사진기가 등장하면서 풍경을 있는 그대로 그리는 것이 큰 의미가 없다고 생각한 화가들도 있었어요. 그래서 빛에 따라 변하는 풍경을 있는 그대로 표현하는 인상주의가 발달했어요. 대표적인 인상주의 화가에는 프랑스의 모네가 있어요.

생활 | 여가 활동의 증가

　산업 혁명 시기에 경제적인 부를 쌓은 사람들은 여유로운 생활을 했어요. 밖에서는 자전거를 타고 카페에서 차를 마시고 야외에서 점심을 즐겼지요. 또한 집으로 많은 사람을 초대하여 파티를 열기도 했어요.

🔺 불로뉴 숲의 자전거 별장(장 베로)

• **개통되다** 길, 다리, 철로, 전화, 전신 등이 완성되거나 이어져 통하게 되는 것을 말해요.

• **확산되다** 흩어져 널리 퍼지게 되는 것을 말해요.

오늘의 날짜   월   일

1 ㉠에 들어갈 알맞은 말은 무엇인가요?   (   )

① 교통   ② 인권   ③ 전쟁   ④ 종교

2 산업 혁명 시기의 발명가와 발명품을 알맞게 줄로 이으세요.

| 풀턴 | · | | · | 증기 기관차 |

| 스티븐슨 | · | | · | 증기선 |

3 다음 빈칸에 들어갈 알맞은 말을 이 백과사전에서 찾아 쓰세요.

> 산업 혁명 시기에 미술 분야에서는 빛에 따라 변하는 풍경을 있는 그대로 표현하는
> _____ 이/가 발달했어요.

4 이 백과사전의 내용으로 알맞지 <u>않은</u> 것은 무엇인가요?   (   )

① 영국은 세계 최초로 철도를 개통했어요.

② 산업 혁명 시기에는 물감이 만들어졌어요.

③ 산업 혁명으로 철도망이 전 세계로 확산되었어요.

④ 산업 혁명 시기에 경제적인 부를 쌓은 사람들의 여가 시간이 줄었어요.

3주

2일차
글

산업 혁명이 가져온 사회 문제는 무엇일까요?

세계 문화 발자취

● **1776년** 미국, 독립 선언

● **1840년대** 미국, 태평양 연안 까지 영토 확대

● **1861년** 미국, 남북 전쟁 발발

● **19세기** 마르크스, 사회주의 주장

1문단 예전에는 집에서 필요한 물건을 만들어서 썼다면, 산업 혁명 이후에는 공장에서 생산된 물건을 싼값에 사서 썼어요. 사람들의 생활이 이전보다 훨씬 편리해졌지요. 그러나 산업 혁명이 좋은 점만 있는 것은 아니었어요. 공장의 주인들은 산업 혁명으로 많은 돈을 벌었지만, 노동자들은 돈을 매우 조금 받았기 때문에 하루에 18시간씩 일을 하고도 가난하게 살았어요. 심지어 일을 하는 시간 내내 빵 하나로 배를 채워야 했어요.

2문단 공장 주인들은 여성과 어린이에게 일을 시키고 어른 남성보다 훨씬 적은 돈을 주었어요. 또, 공장에서 사고가 나서 노동자들이 죽거나 다치더라도 공장 주인들은 아무런 책임도 지지 않았어요. 그 밖에도 많은 사람들이 일자리를 얻으려고 도시로 몰려들면서 여러 문제가 생겼어요. 공장에서는 매일같이 매연이 뿜어져 나와 공기가 오염되었고, 사람들이 쓰고 더러워진 물을 내보내는 시설이 없어서 전염병이 돌고, 집과 화장실도 부족했어요.

3문단 어떤 노동자들은 산업 혁명으로 인해 생긴 문제가 전부 기계 때문이라고 생각했어요. 새로운 기계가 계속 생겨난다면 지금의 일자리마저 빼앗길지도 모른다고 주장했지요.

"기계가 사람의 일자리를 빼앗고 있어요! 기계가 없던 때로 돌아가야 합니다!"

"옳소! 기계를 전부 부숴 버립시다!"

[　㉠　] 이들은 기계 파괴 운동을 벌였어요. 한편에서는 노동자들의 모임인 **노동조합**을 만들기도 했어요. 이들은 노동자들이 일하는 환경을 좋게 만들어 줄 것과, 일하는 만큼 돈을 줄 것을 **보장해** 달라고 하면서 공장 주인들에게 맞섰어요.

📍기계 파괴 운동

기계로 인해 일자리가 줄었다고 생각한 노동자들이 공장의 기계를 부순 운동으로, 러다이트 운동이라고도 해요.

• **노동조합** 노동자 중심에서 더 좋은 노동 조건을 만들고 사회적, 경제적 지위를 향상시키기 위해 활동하는 단체예요.

• **보장하다** 어떤 일이 어려움 없이 잘 이루어지도록 조건을 마련하여 보호하는 것을 말해요.

오늘의 날짜　　　월　　　일

1

세부 내용

산업 혁명의 문제점이 <u>아닌</u> 것은 무엇인가요?　　　(　　　　)

① 집과 화장실이 부족했어요.

② 여성의 일자리가 늘어났어요.

③ 공장에서 매연이 나와 공기가 오염됐어요.

④ 공장에서 다쳐도 공장 주인이 책임지지 않았어요.

2

세부 내용

노동자들이 기계 파괴 운동을 한 이유는 무엇인가요?　　　(　　　　)

① 노동조합을 만들기 위해서

② 돈을 더 많이 달라고 하기 위해서

③ 기계가 사람의 일자리를 빼앗는다고 생각해서

④ 공장 주인이 일하는 중 휴식 시간을 주지 않아서

3

내용 추론

산업 혁명 시기에 어린이 노동자가 쓴 일기의 내용으로 알맞지 <u>않은</u> 것은 무엇인가요?

(　　　　)

> 　오늘도 공장에 나가서 일을 했다. ①아침 일찍 나가서 18시간 동안 일을 했다. 6살 때부터 해 오던 일이지만 그래도 매일매일 힘들다. ②하루 종일 빵 하나만 먹었더니 배도 너무 고프다. 하지만 ③<u>일한 만큼 돈을 많이 받으니까</u> 힘내야지.

4

어휘 표현

㉠에 들어갈 알맞은 말은 무엇인가요?　　　(　　　　)

① 그래서　　　② 그러나　　　③ 왜냐하면　　　④ 예를 들어

😀 오늘의 **한** 문장 정리

　산업 혁명으로 인해 여러 사회 문제들이 생겨났고, ＿＿＿＿＿＿＿＿＿＿ 가 일하는 환경을 좋게 만들 것을 요구하는 운동이 일어났어요.

2일차 신문기사

19세기 런던 뒷골목을 가다

[현장 취재] 산업 혁명의 중심, 영국 런던을 가다

입력 1802년 ○○월 ○○일 09:30

공장이 막 들어서기 시작한 런던의 뒷골목은 온갖 쓰레기와 똥오줌으로 더럽혀져 있으며, 웅덩이에 고인 물은 그대로 **방치되어** 있다. 게다가 집들이 다닥다닥 붙어 있어 사람이 살기 힘들 정도로 주거 환경이 **열악하다**.

공장이 모여 있는 도시에는 매연과 먼지가 뒤섞인 **스모그** 현상이 나타나 심각한   ○   문제가 발생하고 있다. 공장 굴뚝에서 나오는 연기는 사람들의 몸속으로 들어가 심각한 질병을 일으킨다. 나라에서는 문제의 심각성을 알고 해결책을 내놓아야 한다.

공장의 어린이 노동자를 만나다

Q 일이 많을 때는 몇 시간 일했나요?
A 새벽 3시부터 밤 10시나 10시 반까지 일했어요.
Q 휴식 시간은 있었나요?
A 아침 식사 15분, 저녁 식사 30분, 음료수 마시는 시간 15분 정도만 쉴 수 있었어요.
Q 수면 시간은 얼마나 됐나요?
A 4시간 이상 자지 못했어요.
Q 사고가 일어난 적도 있나요?
A 작업 중에 두 번째 손가락이 잘린 적이 있어요. 너무 고통스러웠어요.

- **방치되다** 무관심하게 그대로 내버려 두어지는 것을 말해요.
- **열악하다** 품질이나 능력, 시설 등이 매우 떨어지고 나쁜 것을 말해요.
- **스모그** 공장이나 자동차 등에서 내뿜는 연기나 배기가스가 안개처럼 떠 있는 현상을 말해요.

1 이 신문기사의 주제로 알맞은 것은 무엇인가요?　　　(　　　)

① 산업 혁명의 문제점

② 산업 혁명 시기의 발명품

③ 산업 혁명으로 달라진 여가 생활

④ 산업 혁명으로 인한 교통의 발달

2 ㉠에 들어갈 알맞은 말을 골라 ○표 하세요.

교통사고	노예 무역	환경 오염	식민지 개척

3 이 신문기사의 내용으로 맞으면 ○표, 틀리면 ×표 하세요.

(1) 매연은 사람들의 몸속에 들어가 질병을 일으켜요.　　　(　　　)

(2) 영국 런던의 뒷골목 주택가는 살기 좋은 환경이에요.　　　(　　　)

(3) 공장이 모여 있는 도시에서는 스모그 현상이 나타나고 있어요.　　　(　　　)

4 영국 공장의 어린이 노동자에 대한 설명으로 알맞지 <u>않은</u> 것은 무엇인가요?　　　(　　　)

① 잠을 4시간 이상 자지 못했어요.

② 작업 중에 사고가 난 적은 없었어요.

③ 하루에 휴식 시간은 총 60분 정도였어요.

④ 새벽 3시부터 밤 10시나 10시 반까지 일했어요.

3일차
글

미국은 왜 남과 북으로 갈라져 싸웠을까요?

세계 문화 발자취

- **1840년대** 미국, 태평양 연안까지 영토 확대
- **1861년** 미국, 남북 전쟁 발발

- **1863년** 링컨, 노예 해방령 발표

- **19세기** 제국주의 국가 등장

1문단 영국의 지배에서 벗어난 미국은 다른 나라로부터 서부의 땅을 사들이거나 합치면서 점점 땅이 넓어졌어요. 그때 서부에서 금광이 발견되었는데, 금을 캐기 위해 유럽, 아시아, 호주 등 세계 여러 나라에서 무려 30만여 명이 미국으로 오기도 했어요. 이 현상을 금을 캐기 위해 사람들이 몰려든다고 해서 '골드러시'라고 해요.

2문단 **승승장구할** 일만 남은 줄 알았던 미국에도 큰 문제가 한 가지 있었어요. 남부와 북부가 노예 문제로 **치열하게** 싸우기 시작한 것이에요. 남부 사람들은 주로 대농장에서 목화를 재배해서 노예가 꼭 필요했기 때문에 노예 제도에 찬성했어요. 이에 반해 북부 사람들은 공장을 운영하면서 돈을 주고 사람을 고용하여 노예가 필요 없었기 때문에 노예 제도에 반대했어요. 이러한 상황에서 마침 노예 제도를 없애야 한다는 생각을 가지고 있던 **링컨**이 미국의 새 대통령으로 뽑혔어요. 노예 제도를 포기할 수 없었던 남부 사람들은 미국 **연방**에서 빠져나와 새로운 나라를 만들겠다고 하면서 북부를 공격했어요. 이것이 '남북 전쟁'의 시작이 되었어요.

3문단 처음에는 남부가 전쟁에서 승리할 것처럼 보였어요. 하지만 링컨이 전쟁 중에 노예를 자유의 몸으로 해방시킨다고 발표하면서 노예였던 많은 흑인들이 북부의 군대에 참여했어요. 또, 북부에서는 남부보다 전쟁에 필요한 물건을 더 많이 만들어 낼 수 있었어요. 게다가 신문이나 뉴스에서도 북부를 응원하기 시작했어요. 결국 가장 치열했던 전투였던 게티즈버그 전투에서 북부가 승리하면서 4년간 이어진 남북 전쟁은 ⟨ ㉠ ⟩. 전쟁 이후 미국에서는 노예 제도가 사라졌고, 미국은 세계 최대의 공업 국가이자 강력한 힘을 가진 나라로 성장했답니다.

📍 링컨과 남북 전쟁
노예 제도 확대에 반대한 링컨이 대통령에 당선되자 남부의 11개 주가 연방을 탈퇴하여 남북 전쟁이 일어났어요. 남북 전쟁 이후에 미국에서는 산업 혁명이 본격화되었어요.

- **승승장구하다** 싸움에 이긴 기세를 타고 나아가며 계속 이기는 것을 말해요.
- **치열하다** 기세나 세력이 불길같이 사납고 세찬 것을 말해요.
- **연방** 자치권을 가진 여러 주나 나라가 하나의 중앙 정부를 중심으로 연합하여 이루는 국가를 말해요.

오늘의 날짜   월   일

1
세부 내용

이 글의 내용으로 알맞지 <u>않은</u> 것은 무엇인가요?   (   )

① 미국은 영국의 지배를 받았어요.

② 미국의 남부와 북부는 노예 제도를 두고 싸웠어요.

③ 미국은 남북 전쟁 이후에도 노예 제도를 유지했어요.

2
내용 추론

노예 제도에 대하여 미국 남부와 북부 사람이 했을 말을 알맞게 줄로 이으세요.

북부   ·

· "노예가 없으면
목화 농장을 운영할 수 없어요."

남부   ·

· "노예를 쓰지 않고
돈을 주고 사람을 고용하면 되지요."

3
어휘 표현

다음을 참고할 때 ㉠에 들어갈 알맞은 말은 무엇인가요?   (   )

'관용어'란, 둘 이상의 낱말이 합쳐져서 원래의 뜻과는 다른 새로운 뜻으로 쓰이는 표현을 말해요. '발이 넓다'라는 표현은 아는 사람이 많다는 뜻으로도 쓰이지요.

① 금이 갔어요   ② 눈을 붙였어요   ③ 막을 내렸어요

4
내용 요약

이 글을 읽고 다음 내용을 일어난 순서대로 알맞게 기호를 쓰세요.

㈎ 링컨이 미국의 새 대통령으로 뽑혔어요.

㈏ 링컨이 노예를 자유의 몸으로 해방시킨다고 발표했어요.

㈐ 남부 사람들이 미국 연방에서 빠져나와 북부를 공격했어요.

(   ) ➡ (   ) ➡ (   )

 오늘의 **한** 문장 정리

미국 남부와 북부가 노예 제도를 두고 대립하다가 _____ 전쟁이 일어났어요.

3일차
온라인 박물관

지문분석 동영상강의

오늘날의 미국이 있기까지

에듀윌박물관 × +

← → ⟳ https://eduwillmuseum.com/the_Civil_War ☆ …

에듀윌박물관

EDUWILL MUSEUM 🔍

박물관 소개 　**전시 안내**　 소장품 안내　 교육 안내　 자료실　 공지 사항

개척과 전쟁, 평화의 역사를 거쳐 온 미국 ●●▶진행 중 ★특별 전시

⌂ > 전시 안내 > 온라인 전시

1. 서부 개척을 통해 땅을 넓히다

독립 이후 미국은 서쪽의 넓은 땅을 사들이거나 합치며 적극적인 서부 개척에 나섰어요. 그렇게 해서 미국의 영토는 태평양 **연안**까지 확대되었어요. 또한 미국으로 이민 오는 인구도 크게 늘어나면서 산업도 빠른 속도로 발전했어요.

개척을 통해 얻은 땅 / 독립 당시의 영토 (1783)

2. 링컨, 대통령으로 선출되다

미국 남부와 북부는 노예 제도 문제로 갈등했어요. 남부는 노예의 노동력을 이용한 농업이 발달하여 노예 제도 확대에 찬성한 반면, 북부는 **임금** 노동자를 이용한 공업이 발달하여 노예 제도 확대에 반대했어요. 그러던 중 노예 제도 확대에 반대하는 링컨이 대통령이 되었어요.

3. 남북 전쟁이 발발하다

남부는 링컨을 대통령으로 인정하지 않고, 자신들만의 대통령을 따로 뽑았어요. 그리고 북부를 먼저 공격해 남북 전쟁이 일어났어요. 전쟁 초기에는 남부가 **우세했어요.** 남부는 북부보다 군인 수나 전쟁 물품은 부족했지만 뛰어난 전략으로 연이어 승리를 거두었어요.

4. 링컨, 노예 해방령을 발표하다

링컨이 노예 해방령을 발표하면서 남북 전쟁의 흐름은 바뀌었어요. 링컨이 노예들에게 자유를 주겠다고 발표한 것이에요. 그러자 해방된 노예들이 북부군으로 전쟁에 참여했어요. 자유를 중요하게 생각하는 유럽의 여러 나라들도 북부를 지지했지요. 그 결과, 남북 전쟁은 북부의 승리로 끝났어요.

- **연안** 바다, 강, 호수 등과 닿아 있는 땅을 말해요.
- **임금** 일을 한 대가로 받는 돈을 말해요.
- **우세하다** 상대편보다 힘이나 세력이 강한 것을 말해요.

오늘의 날짜   월   일

1 다음 (   ) 안에 들어갈 알맞은 말을 골라 ○표 하세요.

독립 이후 미국은 서부 개척을 통해 (대서양 , 태평양) 연안까지 영토를 확대했어요.

2 미국 남부와 북부를 비교한 내용으로 알맞지 <u>않은</u> 것은 무엇인가요?   (   )

	남부	북부
①	노예 제도 확대에 찬성했어요.	노예 제도 확대에 반대했어요.
②	농업이 발달했어요.	공업이 발달했어요.
③	링컨을 대통령으로 인정했어요.	링컨을 대통령으로 인정하지 않았어요.

3 남북 전쟁에 대한 설명으로 알맞지 <u>않은</u> 것은 무엇인가요?   (   )

① 전쟁 초기에는 남부가 우세했어요.

② 남부가 북부를 먼저 공격해서 일어났어요.

③ 북부는 남부보다 군인 수나 전쟁 물품이 부족했어요.

4 이 전시를 보고 다음 내용을 일어난 순서대로 알맞게 기호를 쓰세요.

(가) 미국에서 남북 전쟁이 일어났어요.

(나) 링컨이 미국의 대통령으로 선출되었어요.

(다) 링컨이 노예들에게 자유를 주겠다고 발표했어요.

(라) 미국이 서쪽의 땅을 사들이거나 합치면서 영토를 넓혔어요.

(   ) ➡ (   ) ➡ (   ) ➡ (   )

4일차 글

지문분석 동영상강의

유럽의 나라들이 남는 돈을 투자한 곳은 어디일까요?

세계 문화 발자취

● **19세기** 사회진화론 등장

스펜서

● **19세기** 제국주의 국가 등장

백인의 짐을 표현한 그림

● **1851년** 영국. 런던 만국 박람회 개최

● **1889년** 프랑스. 파리 만국 박람회 개최

📍 **제국주의**

백인이 흑인을 짐처럼 등에 지고 있는 모습을 그린 그림이에요. 제국주의 국가들은 아시아나 아프리카 민족이 미개하기 때문에 자신들이 그들을 교육하는 것이 의무라고 하며, 식민지 지배를 당연하게 여겼어요.

1 문단 영국에서 시작된 산업 혁명은 유럽의 전 지역으로 퍼져 나갔어요. 유럽에서는 기계를 이용해 물건들을 아주 많이 만들어 냈어요. 그 덕분에 사람들은 이전보다 훨씬 편하게 값싼 물건들을 살 수 있었지요. 하지만 좋은 것도 잠시, 유럽의 국가들은 곧 깊은 고민에 빠졌어요. 산업이 발전해 큰돈을 벌게 되면서 돈이 남아돌았기 때문이에요.

2 문단 유럽 국가들은 자신의 나라가 아닌 먼 곳의 나라들에 **눈독을 들이기** 시작했어요.

"유럽이 아닌 다른 나라에 돈을 **투자하는** 것은 어떨까요? 아시아나 아프리카에는 풍부한 노동력이 있지만 물건을 만드는 기술이 없어요."

"맞아요. 그 나라들에서 재료를 싸게 가져올 수도 있고요."

이러한 이유로 유럽의 여러 나라들이 **막강한** 경제력과 군사력을 앞세워 약한 나라들을 침략해 식민지로 삼고 지배하는 모습이 나타나는데, 이것을 '제국주의'라고 해요. 제국주의 국가들은 아프리카 사람들을 노예로 만들고 삶의 터전을 빼앗았어요. 아시아에서 금, 다이아몬드, 고무 등을, 아프리카에서는 사탕수수 등을 강제로 가져가기도 했지요.

3 문단 제국주의 국가들은 힘이 약한 나라가 힘이 센 나라의 지배를 받는 것이 당연하다고 여겼어요. 아시아와 아프리카의 민족은 무식하고 미개하기 때문에 이들에게 유럽이 가진 많은 것들을 가르쳐야 하는 것이 자신들의 의무라고 여겼지요. ⓐ식민지를 만들어 지배하는 것을 마치 은혜를 베푸는 일인 것처럼 말하기도 했어요. 또한, 백인이 흑인보다 뛰어나다는 생각에 빠져 있었지요. 20세기 초까지 아프리카 대부분 지역은 이 제국주의 국가들의 지배를 받았답니다.

• **눈독을 들이다** 욕심을 내어 눈여겨보는 것을 말해요.
• **투자하다** 이익을 얻기 위하여 어떤 일이나 사업에 돈을 대거나 시간이나 정성을 쏟는 것을 말해요.
• **막강하다** 더할 수 없이 센 것을 말해요.

오늘의 날짜   월   일

3주

1

중심 내용

다음 (   ) 안에 들어갈 알맞은 말을 골라 ○표 하세요.

유럽의 (식민지 , 제국주의) 국가들은 막강한 경제력과 군사력을 앞세워 힘이 약한 나라들을 침략해 삶의 터전을 빼앗았어요.

2

어휘 표현

밑줄 친 ㉠과 어울리는 사자성어로 알맞은 것은 무엇인가요?   (   )

① 일석이조: 동시에 두 가지 이득을 본다.

② 자업자득: 자기가 저지른 일의 결과를 자기가 받는다.

③ 아전인수: 자기에게만 이롭게 되도록 생각하거나 행동한다.

3

내용 추론

이 글에 나온 국가에서 한 생각으로 알맞지 <u>않은</u> 것은 무엇인가요?   (   )

① 유럽: 백인들은 흑인들보다 뛰어나다.

② 아프리카: 아프리카는 유럽이 베푼 은혜를 갚아야 한다.

③ 유럽: 힘이 센 나라가 힘이 약한 나라를 지배하는 것이 당연하다.

4

내용 요약

이 글의 내용을 요약했어요. 빈칸에 들어갈 알맞은 말은 무엇인가요?   (   )

유럽의 여러 나라들은 산업 혁명으로 큰돈을 벌었어요. 하지만 나라에 돈이 많이 남아서 투자할 곳을 찾았어요. 그래서 _____ 이들은 자신들이 다른 인종보다 뛰어나다고 여기며 힘이 약한 나라들을 지배했어요.

① 유럽의 다른 나라들을 공격해 전쟁을 일으켰어요.

② 아시아나 아프리카의 나라들을 식민지로 삼았어요.

③ 아시아나 아프리카에서 나는 자원을 비싼 값을 주고 샀어요.

 오늘의 한 문장 정리

_____ 국가들은 아시아와 아프리카를 식민 지배하면서 사람들을 노예로 만들고 자원을 빼앗았어요.

4일차
온라인 게시글

식민지를 만들기 위한 유럽 사람들의 변명

🏠 에듀윌지식인 　×　＋　　　　　　　　　∨ － 🗖 ✕

← → C 　https://kin.eduwill.net/imeperialism　　　　　☆

e 에듀윌지식인　　식민지 개척　　🔍　　　　　　　≡

강한 나라가 약한 나라를 지배하는 것이 당연한가요?

5시간 전 · 이름 비공개 · 1027번 조회

🔖　　＜　　…
스크랩　공유　더보기

　산업 혁명으로 큰 발전을 이룬 유럽의 나라들도 힘이 약한 나라를 침입해서 값싼 원료와 노동력을 강제로 **빼앗았는데**, 이 나라들이 식민지를 세울 때 이를 **정당화하기** 위해 내세운 **구실**이 궁금해요.

답변 7개　　　　　　　　　　　　　　　　채택순　좋아요순　최신순

 문해력은나야나님의 답변입니다.
지식서포터즈 / 세계사 / 답변왕 / 월간 Top10

　서양 국가들은 식민지를 개척하는 일이 자신들의 위대함을 드러내는 일이라고 생각했어요. 서양의 여러 나라들이 식민지를 만들 때 내세운 구실은 바로 이것이었어요.

　첫째, 강한 나라가 약한 나라를 지배하는 것은 당연하다는 것이었어요. 둘째, 아시아와 아프리카 사람들은 백인보다 능력이 떨어지고 무식하기 때문에 식민지로 삼아 그들을 가르치고 발전시키는 것이 백인의 의무라고 했어요. 자신들이 식민지에서 벌이는 일은 모두 그들에게 베푸는 은혜라고 말했지요.

　이러한 생각은 여러 사람의 말과 그림을 통해서도 알 수 있어요. 프랑스의 외교관이었던 고비노는 인류를 백인, 아시아 사람, 아프리카 사람으로 구분하면서 그중 백인이 가장 뛰어나고 훌륭하다고 말하기도 했어요. 그리고 그림으로는 다음과 같은 것들이 있어요.

🔺 백인이 아시아와 아프리카 사람을 가르칠 의무가 있음을 표현했어요.

🔺 자본가, 성직자가 원주민에게 가혹한 노동을 시키는 모습을 그렸어요.

🔺 많은 식민지를 차지한 영국을 풍자했어요.

💬 댓글 0　　♥ 좋아요 5

• 정당화하다 정당성이 없는 것을 무엇으로 둘러대어 정당한 것으로 만드는 것을 말해요.
• 구실 불리한 사실을 감추거나 옳은 것처럼 보이기 위해 내세우는 이유를 말해요.

1 서양의 여러 나라가 식민지를 세울 때 내세운 구실을 모두 찾아 기호를 쓰세요.

> ㉮ 강한 나라가 약한 나라를 지배하는 것은 당연하다.
> ㉯ 아시아 사람보다 아프리카 사람의 능력이 더 뛰어나다.
> ㉰ 서양 사람들은 아시아와 아프리카 사람들보다 무식하다.
> ㉱ 우리가 식민지에서 벌이는 일은 모두 그들에게 베푸는 은혜이다.

✎ _____

3주

2 이 게시글의 내용으로 알맞지 <u>않은</u> 것은 무엇인가요?　　　　　(　　　　)

① 서양의 여러 나라는 산업 혁명으로 큰 발전을 이루었어요.
② 서양의 여러 나라는 힘이 약한 나라를 침입해서 식민지로 만들었어요.
③ 식민지 사람들은 서양 사람들에게 교육을 받는 것이 자신들의 의무라고 생각했어요.

3 다음 밑줄 친 말을 바르게 고쳐 빈칸에 쓰세요.

> 인류는 백인, 아시아 사람, 아프리카 사람으로
> 구분할 수 있다. 그 안에는 질서가 있는데,
> 그중 _____~~아시아 사람~~_____ 이 가장 뛰어나고 훌륭하다.

🔺 프랑스의 고비노

✎ _____

4 다음 중 서양 나라들의 식민지 개척과 관련 있는 그림이 <u>아닌</u> 것은 무엇인가요? (　　　　)

① 　② 　③

5일차
글

세계 최초의 엑스포는 어떤 모습이었을까요?

세계 문화 발자취

● **19세기** 제국주의 국가 등장

● **1851년** 영국, 런던 만국 박람회 개최

● **1889년** 프랑스, 파리 만국 박람회 개최

● **1894년** 청일 전쟁 발발

1문단 '엑스포'라는 말을 들어 본 적이 있나요? 우리말로는 만국 **박람회**라고도 하는 엑스포는 여러 나라에서 만든 새로운 물건들을 **선보이는** 자리예요. 제국주의 국가들은 박람회에서 유리, 콘크리트와 같은 새로운 물건들을 소개하면서 자기 나라의 발전된 모습을 보여 주려고 경쟁했어요. 1851년, 영국 런던에서 처음으로 열린 만국 박람회에는 만 개가 넘는 물건이 전시되었고, 600만 명이 넘는 사람들이 찾아왔어요. 영국의 만국 박람회에서 특히 사람들의 눈길을 끈 것은 수정궁이라는 건물이었어요. 이전까지의 건물들은 주로 벽돌로 지어졌지만, 수정궁은 철로 만든 뼈대를 빼면 건물 전체가 30만 장이 넘는 유리로만 지어져서 사람들을 놀라게 했어요.

2문단 이후 파리에서도 프랑스 혁명 100주년을 기념하여 만국 박람회가 열렸어요. 이때 프랑스는 당시 세계에서 제일 높은 철탑을 선보였는데, 이 철탑을 만든 **구스타프 에펠**의 이름을 따서 '에펠탑'이라고 불렀어요. 오늘날 에펠탑은 세계인이 모두 아는 프랑스 파리의 상징이지만, 당시에는 보기 흉하니까 없애야 한다고 하는 사람도 많았다고 해요. 파리 만국 박람회에는 대한 제국도 참가해서 경복궁 근정전의 모습을 본뜬 전시장을 만들고, 대한 제국의 의상과 공예품, 태극기 등을 전시했어요.

3문단 이때 만국 박람회에는 가슴 아픈 일도 있었어요. 박람회장 안에 인종 전시관을 두어 아프리카에서 붙잡아 온 흑인을 전시해 이들의 모습을 구경거리로 만든 것이지요. 전시회를 보러 온 사람들은 자신들과 피부색이 다른 이들을 마치 동물원의 동물을 구경하듯 신기한 눈으로 쳐다보았어요. ㉠당시 서양의 학자들은 생전 처음 접한 원주민들의 모습을 보고 "우리와 같은 인간이라고 생각하기 힘들다."고 말하기도 했어요.

⊙ 수정궁

영국 런던 만국 박람회에서 사람들이 가장 많이 방문한 건물로, 2만 평이나 되는 땅 위에 엄청난 양의 철과 유리로 지어졌어요.

• 박람회 일정 기간 동안 홍보나 판매 등을 목적으로 어떤 주제 아래에서 온갖 물품을 사람들에게 보이는 행사예요.

• 선보이다 물건이나 사람 등이 처음 모습을 드러내는 것을 말해요.

오늘의날짜　　월　　일

1

중심 내용

이 글의 중심 내용으로 알맞은 것은 무엇인가요?　　　（　　　）

① 수정궁의 건축 과정

② 프랑스 혁명의 역사

③ 만국 박람회의 특별한 손님

④ 제국주의 국가의 만국 박람회

2

세부 내용

사람들이 수정궁을 보고 놀란 까닭은 무엇인가요?　　　（　　　）

① 건물 전체가 유리로만 지어져서

② 만 개가 넘는 물건을 전시할 수 있어서

③ 600만 명이 들어갈 수 있는 큰 건물이어서

3

내용 추론

다음 그림과 가장 관련 있는 문단은 무엇인가요?　　　（　　　）

① **1 문단**

② **2 문단**

③ **3 문단**

4

어휘 표현

밑줄 친 ㉠과 어울리는 속담은 무엇인가요?　　　（　　　）

① 우물 안 개구리: 아는 것이 적어 자신이 아는 대로만 세상을 본다.

② 쇠귀에 경 읽기: 아무리 가르치고 일러 주어도 알아듣지 못하거나 효과가 없다.

③ 개구리 올챙이 적 생각 못 한다: 지난날의 어렵던 일은 생각하지 않고 처음부터 잘난 듯이 뽐낸다.

😊 **오늘의 한 문장 정리**

영국 런던과 프랑스 파리에서는 ＿＿＿＿＿＿＿ 박람회를 열어 다양한 전시를 했어요.

5일차
온라인 전시회

힘겨루기의 장소, 만국 박람회

QR코드를 찍어
제국주의에 대해
알아보아요.

特별전시 안내　제국주의

① 제국주의의 등장
② 제국주의 국가의 변명
③ 제국주의와 만국 박람회

3 제국주의와 만국 박람회

오늘날 '엑스포'라는 말로 잘 알려진 만국 박람회는 영국에서 처음으로 열렸어요. 제국주의 나라들은 박람회를 통해 저마다 산업화된 모습을 뽐냈어요. 특히 박람회에서 선보인 건축물에는 철, 유리, 콘크리트 등 새로운 건축 재료들이 사용되었답니다.

　㉠　런던 만국 박람회(1851년)

141일 동안 열린 런던 만국 박람회는 세계 최초로 열린 만국 박람회예요. 만 개가 넘는 작품들이 전시되었고, 600만 명이 넘는 사람들이 찾아왔어요. 특히 사람들의 눈길을 끈 것은 전시장으로 쓰인 수정궁이었어요. 수정궁은 거대한 철근과 수많은 유리로 지어졌어요.

　㉡　파리 만국 박람회(1889년)

프랑스 혁명 100주년을 기념하여 열린 파리 만국 박람회에서 거대한 철탑을 선보였어요. '에펠탑'이라고 불린 이 탑은 높이가 300m가 넘는 건축물로, 당시에는 세계에서 가장 높은 높이를 자랑했어요.

• 철근 콘크리트 속에 묻어서 콘크리트를 더 튼튼하게 하기 위하여 쓰는 막대 모양의 쇠를 말해요.

1 다음 빈칸에 들어갈 알맞은 말을 이 전시에서 찾아 쓰세요.

> 오늘날 _____ (이)라는 말로 잘 알려진 만국 박람회는 영국에서
> 처음으로 열렸어요.

2 런던 만국 박람회에서 전시장으로 쓰인 곳을 골라 ○표 하세요.

| 수정궁 | 상수시 궁전 | 베르사유 궁전 | 성 소피아 성당 |

3 ㉠, ㉡에 들어갈 나라가 바르게 짝 지어진 것은 무엇인가요?　(　　　)

	㉠	㉡
①	독일	프랑스
②	영국	프랑스
③	프랑스	영국
④	프랑스	네덜란드

4 이 전시의 내용으로 맞으면 ○표, 틀리면 ×표 하세요.

(1) 파리 만국 박람회에서 처음으로 '에펠탑'을 선보였어요. 　　　　　　　(　　　)

(2) 런던 만국 박람회는 프랑스 혁명 100주년을 기념하여 열렸어요. 　　　　(　　　)

(3) 만국 박람회의 건축물에는 철, 유리 등 새로운 건축 재료가 사용되었어요. (　　　)

1~5일 지문에서 나온 중요 어휘를 정리해 보세요.

1 밑줄 친 말의 뜻을 알맞게 줄로 이으세요.

영국에서는 세계 최초의
철도가 <u>개통</u>되었어요. •

• 일을 한 대가로 받는 돈

미국 북부는 <u>임금</u> 노동자를
이용한 공업이 발달했어요. •

• 물건이나 사람 등이
처음 모습을 드러내다.

공장이 모여 있는 도시에는
<u>스모그</u> 현상이 나타났어요. •

• 문자 등을 전기 신호로 바꾸어
전파나 전류로 보내는 통신

영국의 공장 노동자들은 노동자들의
모임인 <u>노동조합</u>을 만들었어요. •

• 길, 철로, 전화 등이
완성되거나 이어져 통하게 되다.

산업 혁명 시기에는 <u>전신</u>, 전화가
발명되어 통신 수단이 발달했어요. •

• 공장이나 자동차 등에서
내뿜는 연기나 배기가스가
안개처럼 떠 있는 현상

엑스포는 여러 나라에서 만든
새로운 물건들을 <u>선보이는</u> 자리예요. •

• 더 좋은 노동 조건을 만들고
사회적, 경제적 지위를 향상
시키기 위해 활동하는 단체

2 밑줄 친 말과 뜻이 비슷한 낱말을 〈보기〉에서 찾아 빈칸에 쓰세요.

─〈보기〉─

운송   핑계   만들다   지키다   강력하다

(1) 영국은 증기 기관차를 면직물 <u>운반</u>에 이용했어요.   _____

　　　　　　　　　　　　물건 따위를 옮겨 나름.

(2) 유럽은 <u>막강한</u> 군사력을 내세워 약한 나라들을 침략했어요.   _____

　　　　　　　더할 수 없이 세다.

(3) 스티븐슨은 <u>생산한</u> 면직물을 실어 나를 증기 기관차를 만들었어요.   _____

　　　　　　인간이 생활하는 데 필요한 각종 물건을 만들어 내다.

(4) 서양 나라들은 여러 <u>구실</u>을 들어 힘이 약한 나라들을 식민 지배했어요.   _____

　　　　　　불리한 사실을 감추거나 옳은 것처럼 보이기 위해 내세우는 이유

(5) 노동자들은 자신의 권리를 <u>보장해</u> 달라며 공장 주인들에게 맞섰었어요.   _____

　　　　　　　어떤 일이 어려움 없이 잘 이루어지도록 조건을 마련하여 보호하다.

3 다음 밑줄 친 말을 바르게 고쳐 빈칸에 쓰세요.

(1) 세계 최초의 국제 <u>박남회</u>는 1851년 영국 런던에 열렸어요.   _____

(2) 공장이 들어서면서 런던의 거리에는 <u>메연</u>이 가득해졌어요.   _____

(3) 미국은 서쪽의 땅을 <u>사드리고</u> 합치면서 거대한 나라가 되었어요.   _____

(4) '골드러시'는 금을 <u>케기</u> 위해 사람들이 미국으로 몰려든 일을 말해요.   _____

(5) 서양의 나라들은 힘이 약한 나라들의 원료와 노동력을 강제로 <u>뻬앗았어요</u>. _____

3주

4주

1일

세포이의 항쟁

1857년

인도의 세포이들이 영국에
맞서 봉기를 일으켰어요.

2일

동아시아 3국의
개항

1858년

일본이 미국과
통상 조약을 맺었어요.

3일

중국의 근대화

1861년

중국의 이홍장이
양무운동을 이끌었어요.

연표를 따라가며 4주차에 만날 **근대 유럽과 동아시아의 주요 문화와 사건**을 살펴보세요.

4일

일본의 근대화

1868년

새로운 일본 정부에서
메이지 유신을 실시했어요.

5일

19세기
과학과 문화

1898년

마리 퀴리가 '라듐'이라는
새로운 물질을 발견했어요.

1894년

조선에서 청일 전쟁이
일어났어요.

1904년

러일 전쟁이 일어났어요.

1일차
글

인도 병사들은 왜 영국에 맞서 싸웠을까요?

세계 문화 발자취

- **1842년** 중국 청나라, 난징 조약 체결(개항)

- **1857년** 인도, 세포이의 항쟁 시작

- **1861년** 중국, 양무운동 시작

이홍장

- **1868년** 일본, 메이지 유신 실시

1 문단 신항로 개척 이후 유럽의 여러 나라들은 앞다퉈 인도를 식민지로 만들려고 했어요. 인도는 당시 유럽에서 인기 있던 향신료가 많이 나고 품질 좋은 면직물을 생산했기 때문이에요. 프랑스와 영국은 인도를 차지하기 위해 전쟁까지 벌였는데, 이 전쟁에서 승리한 영국이 동인도 회사를 앞세워 인도를 다스리기 시작했어요. 원래 인도는 목화로 면을 만드는 면직물 산업이 발달했어요. 하지만 영국이 인도에서 목화를 가져와 영국의 공장에서 대량으로 값싼 면직물을 만든 후, 이것을 다시 인도에 팔았어요. 값싼 옷감이 인도에 들어오자, 면직물을 만들어 팔던 인도 사람들은 일자리를 잃게 되었어요. 또한, 영국이 목화나 차, **아편** 등을 재배하도록 시키는 바람에 인도 사람들은 **정작** 자신들이 먹을 곡물 농사는 짓지 못하게 되어 굶주림에 시달렸어요.

2 문단 동인도 회사에는 영국이 보낸 군대가 있었는데, 여기에 인도 사람들을 병사로 뽑기도 했어요. 이 병사들을 '세포이'라고 불렀어요. 그러던 어느 날, 세포이들을 화나게 한 사건이 일어났어요.

"영국인들이 탄약통에 소와 돼지기름을 발라 놓았다는 소문 들었나?"

"힌두교와 이슬람교를 믿는 인도 사람들을 완전히 무시하는군."

세포이들이 사용하는 총에 총알을 넣기 위해서는 탄약통의 끝을 입으로 물어서 뜯어야 했는데, 거기에 소와 돼지기름이 칠해져 있던 것이에요. 힌두교는 소를 먹는 것이 금기시되어 있고, 이슬람교는 돼지고기를 먹는 것이 금기시되어 있기 때문에 세포이들은 탄약통을 입에 물지 않겠다고 했어요. 영국은 명령을 거부한 세포이들에게 족쇄를 채우기 시작했어요. 화가 난 세포이들은 영국에 맞서기 시작했어요. 이것을 '세포이의 항쟁'이라고 해요. 세포이의 항쟁은 영국의 ㉠**무자비한** 탄압으로 2년 만에 실패로 끝났어요. 이후 영국은 동인도 회사를 없애고 인도 제국을 세워 영국 국왕이 직접 다스리기 시작했답니다.

- 아편 양귀비 열매에서 뽑아내 만든 물질로, 습관성이 강한 중독을 일으켜요.
- 정작 실제로 어떤 일이 일어났을 때 생각했던 것과는 다르다는 말이에요.
- 무자비하다 인정이 없이 냉혹하고 모진 것을 말해요.

동인도 회사

영국이 동인도 지역에 세운 회사로, 무역을 할 수 있는 권리를 혼자만 가졌던 특허 회사예요.

오늘의 날짜　　　월　　　일

1
세부 내용

유럽이 인도를 식민지로 만들려고 한 까닭은 무엇인가요?　　　（　　　）

① 프랑스와의 전쟁에서 이기기 위해서

② 인도 사람들을 유럽의 병사로 뽑기 위해서

③ 인도 사람들을 유럽의 공장에서 일을 시키기 위해서

④ 유럽에서 인기 있던 향신료와 면직물을 차지하기 위해서

2
내용 추론

인도의 세포이가 한 말로 알맞지 <u>않은</u> 것은 무엇인가요?　　　（　　　）

①우리는 인도 사람이지만 동인도 회사에서 뽑은 병사야. ②그런데 우리가 쓰는 탄약통에 소와 돼지기름을 발라 놓았다는 소문이 돌았어. ③우리는 영국이 우리 인도인들을 모욕한다고 생각해서 영국에 맞섰지. ④우리가 거세게 맞선 끝에 우리는 인도를 영국으로부터 지켜 낼 수 있었어.

3
어휘 표현

밑줄 친 ㉠과 바꿔 쓸 수 있는 말로 알맞은 것은 무엇인가요?　　　（　　　）

① 친절한　　　　② 서투른　　　　③ 잔인한　　　　④ 시끄러운

4
내용 요약

이 글을 읽고 다음 내용을 일어난 순서대로 알맞게 기호를 쓰세요.

(가) 영국이 프랑스와의 전쟁에서 승리한 후 동인도 회사를 세웠어요.

(나) 세포이의 항쟁 이후, 영국은 동인도 회사를 없애고 인도 제국을 세웠어요.

(다) 세포이들이 탄약통에 소와 돼지기름이 칠해져 있는 것에 화가 나 영국에 맞섰어요.

（　　　）➡（　　　）➡（　　　）

 오늘의 **한** 문장 정리

동인도 회사의 인도인 병사인 ＿＿＿＿＿＿＿＿ 들은 탄약통에 소와 돼지기름이 발려 있는 것에 화가 나 영국에 맞섰어요.

1일차
신문기사

세포이가 일으킨 봉기의 결말

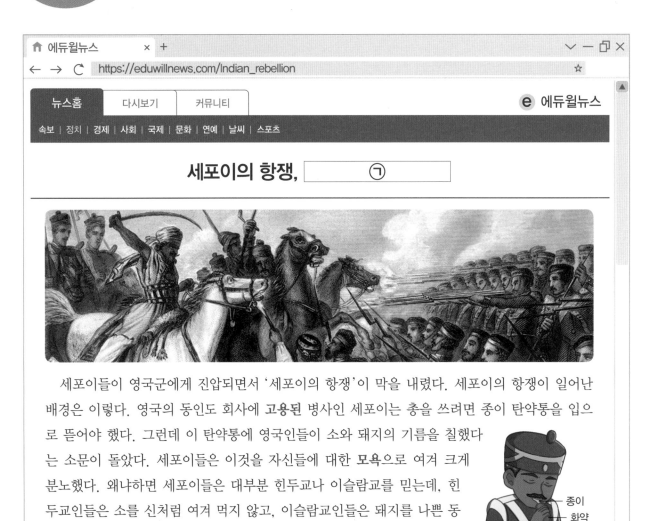

🏠 에듀윌뉴스   ✕   +

← → C   https://eduwillnews.com/Indian_rebellion

뉴스홈   다시보기   커뮤니티   e 에듀윌뉴스

속보 | 정치 | 경제 | 사회 | 국제 | 문화 | 연예 | 날씨 | 스포츠

세포이의 항쟁,   ㉠

    세포이들이 영국군에게 진압되면서 '세포이의 항쟁'이 막을 내렸다. 세포이의 항쟁이 일어난 배경은 이렇다. 영국의 동인도 회사에 **고용된** 병사인 세포이는 총을 쓰려면 종이 탄약통을 입으로 뜯어야 했다. 그런데 이 탄약통에 영국인들이 소와 돼지의 기름을 칠했다는 소문이 돌았다. 세포이들은 이것을 자신들에 대한 **모욕**으로 여겨 크게 분노했다. 왜냐하면 세포이들은 대부분 힌두교나 이슬람교를 믿는데, 힌두교인들은 소를 신처럼 여겨 먹지 않고, 이슬람교인들은 돼지를 나쁜 동물로 생각해서 먹지 않기 때문이다. 이처럼 자신들의 문화를 무시한 것에 화가 난 세포이들이 **봉기**를 일으킨 것이다.

종이
화약
총알

    세포이의 항쟁은 인도 곳곳으로 퍼져 나가 대규모 민족 운동으로 성장 🔺 탄약통을 입으로 찢는 세포이 했지만, 영국군의 공격으로 항쟁을 멈출 수밖에 없었다. 영국 정부 관계자는 "우리 영국은 세포이의 항쟁을 계기로 무굴 제국(인도)의 황제를 쫓아내고, 동인도 회사를 없앨 것입니다. 그리고 영국 국왕이 직접 다스리는 '인도 제국'이라는 나라를 세울 것입니다."라고 말했다.

• **고용되다** 돈을 받고 남의 일을 하게 되는 것을 말해요.
• **모욕** 낮추어 보고 창피를 주고 불명예스럽게 하는 것을 말해요.
• **봉기** 아주 많은 사람들이 어떤 일에 반대하거나 항의하여 나서는 것을 말해요.

1 ㉠에 들어갈 알맞은 말은 무엇인가요?   (   )

① 인도에서 영국을 물러나게 하다

② 인도에 있는 돼지와 소를 모두 없애다

③ 영국군에게 진압되면서 실패로 끝나다

④ 영국군을 물리치고 새로운 나라를 세우다

2 다음 (   ) 안에 들어갈 알맞은 말을 골라 ○표 하세요.

> 힌두교를 믿는 사람들은 (소 , 돼지)를 먹지 않고, 이슬람교를 믿는 사람들은
> (소 , 돼지)를 먹지 않아요.

3 세포이의 항쟁 이후에 일어난 일로 알맞지 <u>않은</u> 것은 무엇인가요?   (   )

① 영국이 동인도 회사를 없애버렸어요.

② 영국이 무굴 제국의 황제를 쫓아냈어요.

③ 영국이 인도 제국을 세워 직접 다스렸어요.

④ 무굴 제국의 황제가 영국을 다스릴 왕을 뽑았어요.

4 이 신문기사의 내용으로 맞으면 ○표, 틀리면 ×표 하세요.

(1) 세포이들은 대부분 크리스트교를 믿었어요.   (   )

(2) 세포이의 항쟁은 대규모 민족 운동으로 발전했어요.   (   )

(3) 세포이들은 영국인들이 자신들의 문화를 무시한다고 생각했어요. (   )

2일차
글

동아시아 3국이 나라의 문을 열 수밖에 없었던 사연은 무엇일까요?

세계 문화 발자취

- **1842년** 중국 청나라, 난징 조약 체결(개항)

- **1857년** 인도, 세포이의 항쟁 시작

- **1858년** 일본, 미국과 통상 조약 체결(개항)

- **1876년** 조선, 일본과 강화도 조약 체결(개항)

1문단 19세기 영국에서는 차와 비단, 도자기 같은 청나라의 물건이 인기를 끌었어요. 영국은 은을 주고 청나라의 물건들을 사다가 은이 부족한 지경에 이르렀어요. 청나라와의 거래에서 계속해서 **손해**를 입자 영국은 청나라에 아편을 몰래 팔기 시작했어요. 아편은 중독성이 매우 강한 마약이어서 청나라 사람들은 너도나도 아편을 찾았어요. 영국은 엄청난 양의 아편을 청나라에 팔아 큰돈을 벌었어요. 너무 많은 사람들이 아편에 중독되고 은이 **바닥나자** 청나라 황제는 아편을 전부 불태워 버리라고 명령했어요. 이것을 핑계 삼아 영국은 청나라로 쳐들어가 아편 전쟁을 일으켰어요. 영국에 맞설 힘이 없었던 청나라는 항복했고, '난징 조약'을 맺었어요. 난징 조약으로 인해 청나라는 항구 5곳을 열어 영국이 마음껏 무역을 할 수 있도록 허락해야만 했어요. 그리고 영국에 홍콩 섬과 어마어마한 은을 내어 주었어요.

2문단 한편, 일본은 나가사키에서만 네덜란드와 무역을 하고 있었어요. 그런데 미국에서 **함선**을 보내 일본에 항구를 열라고 했어요. 일본은 세계에서 가장 큰 나라라고 여긴 청나라마저 영국에 ㉠속수무책으로 당하는 것을 보고 서양 나라와 전쟁을 한다면 질 게 분명하다고 생각했어요. 일본은 미국의 함선이 대포를 쏘며 위협해 오자, 결국 미국에 항구를 열어 주었어요.

3문단 그 시기에 조선은 다른 나라와는 교류하지 않으려고 했어요. 그러던 중 먼저 서양의 문물을 받아들인 일본이 강화도에 '운요호'라는 배를 보냈어요. 조선군은 허락 없이 남의 나라에 들어온 운요호를 공격했고, 이에 질세라 운요호도 조선 땅을 폭격했어요. 일본은 조선이 먼저 공격했으니 책임도 조선이 져야 한다고 주장했어요. 결국 조선은 강화도에서 일본에만 유리한 '강화도 조약'을 맺었고 항구를 열 수밖에 없었답니다.

📍난징 조약
청나라가 외국과 처음으로 맺은 근대적 조약이자, 영국에만 유리한 조약이었어요.

- 손해 돈, 재산 등을 잃거나 정신적으로 해를 입는 것을 말해요.
- 바닥나다 돈이나 물건을 다 써서 없어지는 것을 말해요.
- 함선 군함, 선박 등을 통틀어 부르는 말이에요.

오늘의 날짜   월   일

1

중심 내용

이 글의 중심 내용으로 알맞은 것은 무엇인가요?   (   )

① 동아시아 3국의 동맹

② 청나라와 일본의 갈등

③ 조선과 미국의 해상 전투

④ 동아시아 3국의 해외 교류

2

내용 요약

1문단 을 읽고 다음 내용을 일어난 순서대로 알맞게 기호를 쓰세요.

> (개) 영국과 청나라가 난징 조약을 맺었어요.
>
> (내) 영국이 은을 벌기 위해 청나라에 아편을 팔았어요.
>
> (대) 영국이 청나라에 쳐들어가 아편 전쟁을 일으켰어요.

(   ) ➡ (   ) ➡ (   )

3

어휘 표현

다음을 참고할 때 밑줄 친 ㉠과 뜻이 비슷한 말로 알맞은 것은 무엇인가요?   (   )

> '속수무책'은 손을 묶은 것처럼 어찌할 도리가 없어 꼼짝 못 하는 것을 말해요.

① 발 벗고 나서다: 적극적으로 나서다.

② 손을 맞잡다: 서로 뜻을 같이 하여 협력하다.

③ 손을 못 쓰다: 어떤 일에 필요한 조치를 하지 못하다.

4

내용 추론

청나라와 일본, 조선 세 나라의 공통점은 무엇인가요?   (   )

① 무역을 하기 위해 서양의 여러 나라로 떠났어요.

② 서양 사람들과 옛날부터 좋은 관계를 유지했어요.

③ 다른 나라에 의해 강제로 나라의 문을 열게 되었어요.

😊 오늘의 **한** 문장 정리

청나라는 영국, 일본은 미국, _____ 은 일본에 의해 나라의 문을 열게 되었어요.

4주

2일차 백과사전

지문분석 동영상강의

동아시아 3국, 근대화의 시작

🏠 에듀윌백과사전 × +

← → C https://encyeduwill.com/East_Asia ☆

e 에듀윌백과사전 　동아시아 3국의 개항 🔍 　☰

동아시아 3국의 개항 이후 모습

서양의 문물을 보러 가다

　　중국과 일본은 서양 **열강**을 이겨내지 못해 불평등 조약을 맺고 **개항했어요**. 조선도 일본에 서양 열강이 했던 수법 그대로 당해 강화도 조약을 맺고 개항했어요. 이후 조선은 미국, 프랑스 등 서양 열강과 차례대로 조약을 맺고 교류하기 시작했어요. 동아시아 3국은 서양 기술과 무기의 우수성을 눈으로 확인하고, 서양에 유학생과 **사절단** 등을 보내 군사 시설과 **근대화된** 모습을 보고 오도록 했어요.

🔺 **일본의 이와쿠라 사절단** 　서양 문물을 받아들이기 위해 파견한 사절단이에요.

🔺 **중국(청나라)의 사절단** 　서양 여러 나라의 수도를 방문하는 사절단이에요.

🔺 **조선의 보빙사** 　미국에서 공장, 병원 등 각종 근대 시설을 보고 돌아왔어요.

근대 문물을 받아들이면서 생활 모습이 변하다

　동아시아 3국은 서양으로부터 근대 문물을 들여와 점차 서양식 생활 모습을 갖추어 나갔어요.

◀ **중국(청나라) 철도 개통식** 　철도는 사람들의 이동 시간을 줄여 주었으나, 서양 열강의 침략 도구로 이용되기도 했어요.

◀ **시계가 달린 조선 대한 의원** 　언제든 시간을 확인할 수 있게 주로 높은 건물에 시계를 달았어요.

- **열강** 국제적인 영향력이나 세력이 강한 여러 나라를 말해요.
- **개항하다** 외국과 교류를 하고 물품을 사고팔 수 있게 항구를 여는 것을 말해요.
- **사절단** 나라를 대표하여 어떤 일을 맡고 다른 나라에 가는 사람들의 무리를 말해요.
- **근대화되다** 근대적인 상태가 되는 것을 말해요. 근대는 현대와 중세 사이의 시대예요.

1 동아시아 3국에 해당하지 <u>않는</u> 나라를 골라 ○표 하세요.

| 일본 | 조선 | 중국 | 베트남 |

2 조선이 개항 이후 미국으로 보낸 사절단은 무엇인가요?   (   )

① 보빙사
② 수신사
③ 영선사
④ 통신사

3 이 백과사전의 내용으로 맞으면 ○표, 틀리면 ×표 하세요.

(1) 조선은 미국과 강화도 조약을 맺고 개항했어요.   (   )
(2) 중국의 철도는 서양의 침략 도구로 이용되기도 했어요.   (   )
(3) 중국은 서양 여러 나라의 수도를 방문하는 사절단을 꾸렸어요.   (   )

4 다음 빈칸에 들어갈 알맞은 말을 이 백과사전에서 찾아 쓰세요.

개항 이후 조선에서는 언제든 시간을 확인할 수 있게 주로 높은 건물에 시계를 달았는데, 조선 ＿＿＿＿＿＿＿ 이/가 대표적이에요.

3일차 글

기울어져 가던 청나라 왕조의 끝은 어떤 모습이었을까요?

세계 문화 발자취

● 1851년 중국, 태평천국 운동 시작

● 1861년 중국, 양무운동 시작

근대식 무기를 만들었던 금릉 기기국

● 1868년 일본, 메이지 유신 실시

● 1900년 중국, 의화단 운동 시작

1문단 청나라는 아편 전쟁에서 영국에 진 대가로 영국에 **막대한** 돈을 물어 줘야 했어요. 그래서 백성에게 세금을 더 거두려고 했어요. 농민들의 불만이 점점 커져 갈 때 **홍수전**이라는 사람이 등장해 모든 사람이 평등한 세상을 만들자고 하며 '태평천국 운동'을 일으켰어요. 홍수전은 난징까지 **차지할** 정도로 힘이 거졌어요. 하지만 태평천국 운동은 **증국번**과 **이홍장**이 만든 군대와 서양 군대의 공격을 받아 실패하고 말았어요. 증국번과 이홍장은 태평천국 운동을 겪으면서 서양의 강력한 군대를 직접 목격하고는, ㉠청나라의 전통은 그대로 유지하면서 서양의 우수한 기술만 받아들여 강한 나라를 만들자는 '양무운동'을 일으켰어요. 이들은 군대를 서양식으로 바꾸고, 무기를 만드는 공장도 세웠어요. 또 서양에 유학생들을 보내기도 했어요. 하지만 양무운동은 서양의 기술을 받아들이는 것에 반대한 사람들로 인해 기세가 **꺾였어요.**

2문단 1894년, 청나라와 일본이 조선 땅을 두고 벌인 청일 전쟁에서 패배한 청나라는 위기감을 느꼈어요. 그런 가운데 청나라의 지식인이었던 **캉유웨이**가 앞장서서 황제의 허락을 받아 의회와 최신 군대를 만드는 등 여러 제도를 바꾸려고 했지만 성공하지는 못했어요. 실패가 이어지고 서양 여러 나라의 간섭이 심해지자 청나라 사람들은 서양 세력을 몰아내기 위해 뭉치기 시작했어요. 그 과정에서 '의화단'이라는 단체가 비밀리에 만들어졌지요. 의화단은 서양 세력을 몰아내자고 하며 교회, 철도 등을 파괴했어요. 청나라 정부까지 나서 의화단을 도왔지만, 영국, 일본, 러시아 등 8개 나라의 **연합군**에 패배했어요. 청나라는 서양 나라들에 막대한 돈을 물어 주고, 베이징에 외국 군대가 머무르는 것을 허락할 수밖에 없었어요. 그 결과, 청나라의 경제는 더욱더 어려워졌어요.

◉ 무기 공장에서 만든 화포

양무운동을 이끈 이홍장 등은 난징에 무기 공장인 금릉 기기국을 설치하여 화포와 포탄 등을 만들었어요.

• **막대하다** 더할 수 없을 만큼 많거나 큰 것을 말해요.
• **차지하다** 사물이나 공간, 지위 등을 자기 몫으로 가지는 것을 말해요.
• **꺾이다** 기세나 기운 등이 약해지는 것을 말해요.
• **연합군** 전쟁에서 둘 혹은 둘 이상의 국가가 서로 합동하여 구성한 군대예요.

오늘의 날짜   월   일

1 이 글을 읽고 각 인물과 인물이 한 일을 알맞게 줄로 이으세요.
세부 내용

홍수전 •	• 양무운동을 일으켰어요.
캉유웨이 •	• 태평천국 운동을 일으켰어요.
증국번과 이홍장 •	• 의회와 최신식 군대를 만들었어요.

2 다음 (   ) 안에 들어갈 알맞은 말을 골라 ○표 하세요.
세부 내용

태평천국 운동은 모든 사람이 (**부유한 , 평등한**) 세상을 만들자는 운동이고, 양무운동은 (**서양 , 일본**)의 우수한 기술을 받아들여 강한 나라를 만들자는 운동이에요.

3 다음 그림과 어울리는 설명으로 알맞은 것은 무엇인가요? (   )
내용 추론

△ 철도를 부수는 의화단

① 의화단은 철도를 부숴 서양 세력에 저항했어요.
② 의화단은 철도를 부숴 청나라 정부에 저항했어요.
③ 의화단은 철도를 부숴 조선과의 교류를 막으려고 했어요.

4 밑줄 친 ㉠과 어울리는 사자성어는 무엇인가요? (   )
어휘 표현

① 설상가상: 좋지 않은 일이 잇따라 일어난다.
② 일거양득: 한 가지 일로 두 가지 이익을 얻는다.
③ 온고지신: 옛것을 익히고 그것을 미루어서 새것을 안다.

 오늘의 **한** 문장 정리

청나라 말기, 나라가 어려울 때 태평천국 운동, 양무운동이 일어났고, ＿＿＿＿＿＿＿ 이라는 단체가 만들어져 서양 세력에 맞섰어요.

3일차
온라인 대화

지문분석 동영상강의

3인 토론, 중국 근대화를 말하다

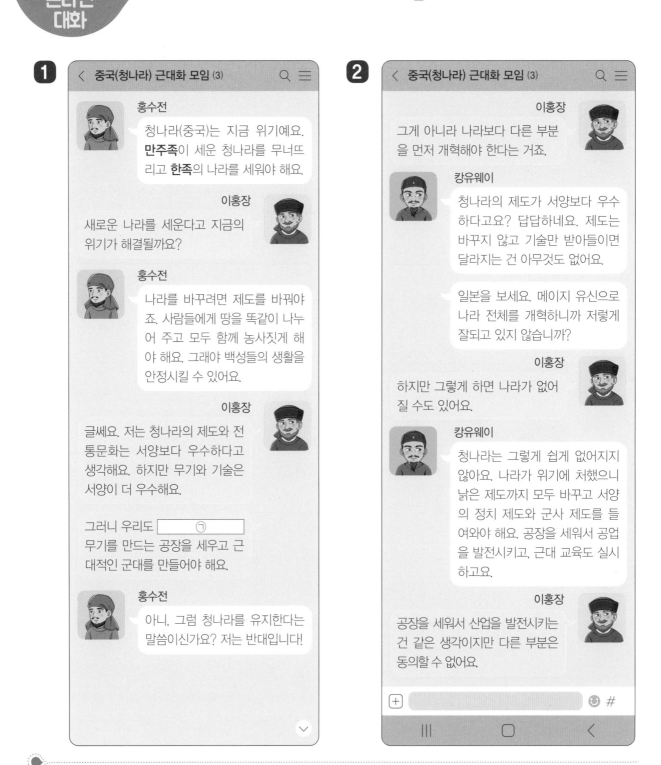

1

< 중국(청나라) 근대화 모임 (3)

홍수전
청나라(중국)는 지금 위기예요. **만주족**이 세운 청나라를 무너뜨리고 **한족**의 나라를 세워야 해요.

이홍장
새로운 나라를 세운다고 지금의 위기가 해결될까요?

홍수전
나라를 바꾸려면 제도를 바꿔야죠. 사람들에게 땅을 똑같이 나누어 주고 모두 함께 농사짓게 해야 해요. 그래야 백성들의 생활을 안정시킬 수 있어요.

이홍장
글쎄요. 저는 청나라의 제도와 전통문화는 서양보다 우수하다고 생각해요. 하지만 무기와 기술은 서양이 더 우수해요.

그러니 우리도 ⑦ 무기를 만드는 공장을 세우고 근대적인 군대를 만들어야 해요.

홍수전
아니, 그럼 청나라를 유지한다는 말씀이신가요? 저는 반대입니다!

2

< 중국(청나라) 근대화 모임 (3)

이홍장
그게 아니라 나라보다 다른 부분을 먼저 개혁해야 한다는 거죠.

캉유웨이
청나라의 제도가 서양보다 우수하다고요? 답답하네요. 제도는 바꾸지 않고 기술만 받아들이면 달라지는 건 아무것도 없어요.

일본을 보세요. 메이지 유신으로 나라 전체를 개혁하니까 저렇게 잘되고 있지 않습니까?

이홍장
하지만 그렇게 하면 나라가 없어질 수도 있어요.

캉유웨이
청나라는 그렇게 쉽게 없어지지 않아요. 나라가 위기에 처했으니 낡은 제도까지 모두 바꾸고 서양의 정치 제도와 군사 제도를 들여와야 해요. 공장을 세워서 공업을 발전시키고, 근대 교육도 실시하고요.

이홍장
공장을 세워서 산업을 발전시키는 건 같은 생각이지만 다른 부분은 동의할 수 없어요.

• **만주족** 오늘날 중국 대륙이 아닌 만주 일대에 살았던 민족으로, 청나라를 세웠어요.
• **한족** 옛날부터 중국 대륙에서 살아온, 중국의 중심이 되는 민족으로 중국 전체 인구의 대부분을 차지해요.

1 청나라를 무너뜨리고 한족의 나라를 세워야 한다고 주장한 인물을 골라 ○표 하세요.

홍수전	이홍장	캉유웨이

2 ㉠에 들어갈 알맞은 말은 무엇인가요?   (   )

① 서양의 전통문화만 받아들이면 돼요.
② 서양의 우수한 기술만 받아들이면 돼요.
③ 서양의 기술뿐만 아니라 제도까지 받아들여야 해요.

3 이 대화의 내용으로 맞으면 ○표, 틀리면 ×표 하세요.

(1) 홍수전은 공업을 발전시켜야 한다고 했어요.   (   )
(2) 이홍장은 근대적인 군대가 필요하다고 주장했어요.   (   )
(3) 이홍장은 서양의 제도와 문화가 청나라보다 우수하다고 생각했어요.   (   )

4 다음 인물과 가장 비슷한 생각을 가진 인물은 누구인가요?   (   )

서양의 무기와 기술은 굉장히 우수합니다.
서양의 우수한 기술뿐만 아니라 제도까지
받아들여 일본을 완전히 바꿔야 합니다.

🔺 일본의 사카모토 료마

① 홍수전   ② 이홍장   ③ 캉유웨이

옛것을 버린 일본은 어떻게 바뀌었을까요?

세계 문화 발자취

● **1858년** 일본, 미국과 통상 조약 체결(개항)

● **1861년** 중국, 양무운동 시작

● **1868년** 일본, 메이지 유신 실시

● **1898년** 마리 퀴리, 라듐 발견

1 문단 일본의 에도 막부는 나가사키에서 네덜란드와만 무역을 하고 있었어요. 그러다 미국이 대포로 공격하며 항구를 열라고 하자 미국에만 유리한 조약을 맺고 문을 열어 줄 수밖에 없었지요. 일본은 서양과 교류하면서 많은 물건들을 서양에 팔았어요. 그런데 정작 일본에서는 물건이 부족해져 물건 가격이 올랐어요. 백성들은 살기 힘들어지자 모든 불만을 막부에 돌리기 시작했고, 지방 무사들이 막부를 무너뜨렸어요.

2 문단 막부가 무너지고 나서 일본에는 **메이지 천황**이 다스리는 새로운 시대가 열렸어요. 메이지 천황은 모든 사람이 평등하다고 선언하고, 백성들이 직업과 살 곳을 자유롭게 선택할 수 있게 했어요. 또, 헌법을 발표하고 의회도 만들었어요. 메이지 천황이 **추진한** 개혁을 '메이지 **유신**'이라고 해요. 메이지 유신 때는 제도뿐만 아니라 생활 모습도 많이 바뀌었어요. 미국에 다녀온 유학생이나 서양식 군사 훈련을 받은 사람들이 양복을 입고 다니자 많은 사람들이 이들을 따라 양복을 입고 구두를 신었어요. 교통수단으로는 철도가 만들어져 증기 기관차가 다니고, 서양식 호텔이 지어졌어요.

3 문단 메이지 유신 이후 일본은 서양의 여러 나라들처럼 힘이 강해졌어요. 그 무렵 조선은 **동학 농민 운동**이 일어나 혼란스러운 상황에 놓여 있었어요. 조선 정부는 청나라에 도움을 요청하면서 군대를 보내 달라고 했어요. 일본은 청나라를 ⃞ ㉠ ⃞ 하여 조선에 도움을 준다는 핑계를 대며 군대를 보냈어요. 청나라 군대와 함께 일본의 군대까지 조선으로 들어오자, 조선 정부는 서둘러 동학 농민 운동을 일으킨 사람들과 화해하고 두 나라에 돌아가 달라고 했어요. 하지만 일본은 경복궁을 침입하여 조선 정부를 위협하고 국경 너머 청나라와 전쟁까지 벌였어요. 전쟁에서 승리한 일본은 청나라로부터 **타이완**을 빼앗고 엄청난 돈을 챙기고는, 조선에 마음대로 간섭했어요.

● 추진하다 목표를 향하여 밀고 나아가는 것을 말해요.
● 유신 낡은 제도를 고쳐 새롭게 하는 것을 말해요.
● 동학 농민 운동 전봉준 등을 중심으로 동학교도와 농민들이 부패한 관리와 일본에 맞서 일으킨 운동이에요.
● 타이완 중국 동남쪽에 있는 큰 섬으로, 대만을 말해요.

📍 메이지 유신 이후 도쿄의 풍경

메이지 유신 이후 일본 도쿄의 거리에는 벽돌 건물이 들어서고, 인력거와 마차를 타는 사람들도 많아졌어요.

1

세부 내용

이 글의 내용으로 알맞은 것은 무엇인가요?   (   )

① 조선 정부는 미국에 군대를 보내 달라고 요청했어요.

② 메이지 유신은 조선의 문물을 받아들인 개혁이었어요.

③ 일본과 미국이 맺은 조약은 일본에만 유리한 조약이었어요.

④ 메이지 유신은 과거의 제도와 생활 모습을 바꾸려는 것이었어요.

2

어휘 표현

㉠에 들어갈 말로 알맞지 <u>않은</u> 것은 무엇인가요?   (   )

① 경청: 귀를 기울여 들음.

② 견제: 상대방이 자유롭게 힘이 강해지지 못하도록 함.

③ 경계: 적의 예상하지 못한 침입을 막기 위하여 주변을 살피고 지킴.

3

내용 추론

메이지 시대 사람들이 나눈 대화의 내용으로 알맞지 <u>않은</u> 것은 무엇인가요?   (   )

① 천황 폐하께서 헌법을 발표하셨대.

② 서양 물건을 사려면 나가사키로 가야만 해.

③ 우리는 우리의 직업과 살 곳을 자유롭게 정할 수 있어.

4

내용 요약

각 문단의 내용을 찾아 알맞게 기호를 쓰세요.

> ㈎ 메이지 천황이 새로운 시대를 열고, 메이지 유신을 추진했어요.
>
> ㈏ 항구를 연 이후 물건 가격이 올라 일본 백성들이 살기 힘들어졌어요.
>
> ㈐ 힘이 강해진 일본은 청나라와의 전쟁에서 승리하고, 조선에 간섭하기 시작했어요.

1 문단 (   ) ➡ 2 문단 (   ) ➡ 3 문단 (   )

 오늘의 **한** 문장 정리

일본은 _____ 유신으로 서양 문화와 물건을 받아들이고 나라의 힘이 강해졌어요.

4일차
온라인 전시회

지문분석 동영상강의

바다를 넘어 세계를 넘본 일본

QR코드를 찍어 일본의 근대화에 대해 알아보아요.

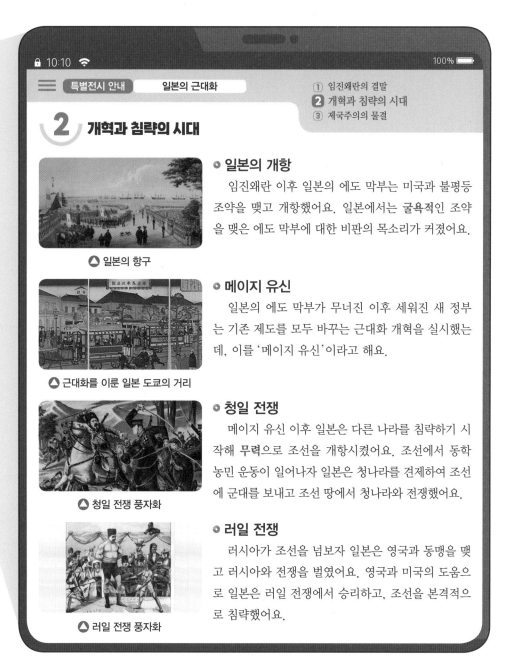

특별전시 안내 | **일본의 근대화**

① 임진왜란의 결말
2 개혁과 침략의 시대
③ 제국주의의 물결

2 개혁과 침략의 시대

▲ 일본의 항구

▲ 근대화를 이룬 일본 도쿄의 거리

▲ 청일 전쟁 풍자화

▲ 러일 전쟁 풍자화

● 일본의 개항

임진왜란 이후 일본의 에도 막부는 미국과 불평등 조약을 맺고 개항했어요. 일본에서는 **굴욕적**인 조약을 맺은 에도 막부에 대한 비판의 목소리가 커졌어요.

● 메이지 유신

일본의 에도 막부가 무너진 이후 세워진 새 정부는 기존 제도를 모두 바꾸는 근대화 개혁을 실시했는데, 이를 '메이지 유신'이라고 해요.

● 청일 전쟁

메이지 유신 이후 일본은 다른 나라를 침략하기 시작해 **무력**으로 조선을 개항시켰어요. 조선에서 동학 농민 운동이 일어나자 일본은 청나라를 견제하여 조선에 군대를 보내고 조선 땅에서 청나라와 전쟁했어요.

● 러일 전쟁

러시아가 조선을 넘보자 일본은 영국과 동맹을 맺고 러시아와 전쟁을 벌였어요. 영국과 미국의 도움으로 일본은 러일 전쟁에서 승리하고, 조선을 본격적으로 침략했어요.

• **굴욕적** 업신여김을 당하거나 느끼게 하는 것을 말해요.
• **무력** 군사적인 힘을 말해요.

1 다음 빈칸에 들어갈 알맞은 말을 골라 ○표 하세요.

일본은 조선에서 _____ 이 일어나자 조선에 군대를 보내 청나라와 전쟁을 벌여 승리했어요.

갑신정변   임오군란   메이지 유신   동학 농민 운동

2 이 전시의 내용으로 맞으면 ○표, 틀리면 ×표 하세요.

⑴ 러일 전쟁은 러시아의 승리로 끝났어요.   (   )

⑵ 일본의 에도 막부는 러시아와 불평등 조약을 맺었어요.   (   )

⑶ 메이지 유신 이후 일본은 적극적으로 다른 나라를 침략했어요.   (   )

3 다음 그림과 관련 있는 사건은 무엇인가요?   (   )

여러 나라가 지켜보는 가운데 러시아와 일본이 대결을 벌이고 있어요. 중국 사람은 경기장에 들어오지 못하고 먼 거리에서 그저 지켜만 보고 있어요.

① 메이지 유신   ② 청일 전쟁   ③ 러일 전쟁

4 이 전시를 보고 다음 내용을 일어난 순서대로 알맞게 기호를 쓰세요.

㈎ 일본이 개항했어요.

㈏ 조선에서 청일 전쟁이 일어났어요.

㈐ 일본의 새 정부가 메이지 유신을 실시했어요.

㈑ 일본이 영국과 동맹을 맺고 러시아와 전쟁했어요.

(   ) ➡ (   ) ➡ (   ) ➡ (   )

4주

지문분석 동영상강의

5일차 글

19세기 인류가 만들어 낸 과학 기술과 예술 작품은 무엇일까요?

세계 문화 발자취

1879년 에디슨, 가정용 백열 전구 발명

1895년 뢴트겐, X선 발견

1898년 마리 퀴리, 라듐 발견

1903년 마리 퀴리, 노벨 물리 학상 수상

1 문단 19세기 과학 기술의 발전은 오늘날 사람들의 생활에도 큰 영향을 주었어요. 병원에 가면 찍는 **X선** 촬영 기술도 산업 혁명 시기에 개발되었어요. 독일의 **뢴트겐**이 발견한 X선은 병원에서뿐만 아니라 공항에서 짐을 검사할 때도 쓰이고 있지요. 또한, 프랑스의 **퀴리 부부**는 방사능을 연구하던 중 암 치료법 개발의 바탕이 된 '라듐'이라는 물질을 발견했고, 미국의 **에디슨**은 가정용 전구를 발명해 캄캄한 밤중에도 환한 낮처럼 생활할 수 있게 되었어요.

2 문단 영국의 생물학자 **다윈**은 먹이의 종류에 따라 새의 부리 모양이 달라진 것을 발견하고는 진화론을 세상에 발표했어요. 그는 이렇게 말했어요.

"모든 동식물들은 오랜 시간에 걸쳐 조금씩 진화합니다. 반대로, 환경에 적응하지 못한 동식물은 사라지기도 하지요."

하지만 당시 사람들은 모든 생물은 신이 만들었다고 생각했기 때문에 다윈의 이야기를 믿지 않았고, 다윈을 원숭이라고 부르며 비웃었어요. 한편, 다윈의 진화론은 힘이 약한 나라는 힘이 센 나라의 지배를 받는 것이 당연하다는 주장에 힘을 실어 주기도 했어요. 제국주의 국가들은 아시아와 아프리카의 나라들을 침략하여 식민지로 삼는 데 이 이론을 이용했어요.

3 문단 예술에서는 사람의 감정이나 개성, 상상력을 드러내는 그림이 유행했어요. 주로 전쟁터를 배경으로 한 그림을 많이 그렸는데, 사람들이 마치 살아 움직이는 것 같은 힘찬 기운을 느낄 수 있어요. 전쟁터를 배경으로 한 대표적인 작품으로는 **들라크루아**의 〈민중을 이끄는 자유의 여신〉, 〈키오스 섬의 학살〉 등이 있어요. 이후에는 **밀레**의 〈만종〉, 〈이삭 줍기〉 등 사람들의 실제 생활 모습이나, 빛이나 계절에 따라 다르게 보이는 모습을 그린 그림 등 다양한 미술 양식이 유행하였어요.

🔍 들라크루아의 작품

🔺 〈민중을 이끄는 자유의 여신〉

🔺 〈키오스 섬의 학살〉

• X선(엑스선) 보통의 빛과 달리 물체를 뚫고 지나가서 질병의 진단 및 치료, 금속 재료의 내부 검사 등에 쓰이는 광선을 말해요.

1

세부 내용

다음 빈칸에 들어갈 알맞은 말을 이 글에서 찾아 쓰세요.

> 미국의 에디슨이 가정용 _____ 을/를 발명해 밤에도 낮처럼 생활하기가 편리해졌어요.

2

세부 내용

다윈의 진화론에 대한 설명으로 알맞은 것은 무엇인가요?   (   )

① 신이 모든 생물을 만들었다는 내용이에요.

② 모든 생물은 죽어서 사라지는 운명이라는 내용이에요.

③ 환경에 적응하지 못한 생물은 사라질 수 있다는 내용이에요.

4주

3

내용 추론

다음 그림과 어울리는 설명으로 알맞은 것은 무엇인가요?   (   )

● 〈민중을 이끄는 자유의 여신〉

① 사람들의 평소 생활 모습을 그렸어요.

② 계절에 따라 변하는 모습을 그렸어요.

③ 사람들의 모습을 마치 살아 움직이는 것처럼 그렸어요.

4

내용 요약

이 글의 내용을 요약했어요. 다음 중 알맞지 <u>않은</u> 것은 무엇인가요?   (   )

	특징	관련 인물
과학 기술	X선, 라듐이 발견되고, 가정용 전구가 발명됨.	①뢴트겐, 퀴리 부부, 에디슨
이론	②진화론이라는 새로운 이론이 발표됨.	③다윈
예술	④전쟁터와 신의 모습을 그린 그림 등 다양한 미술 양식이 유행함.	들라크루아, 밀레

 오늘의 **한** 문장 정리

19세기 산업 혁명 시기에는 _____ 기술이 발전하고, 다양한 예술 작품이 탄생했어요.

5일차
카드뉴스

자문분석 동영상강의

인류를 구한 발견과 발명

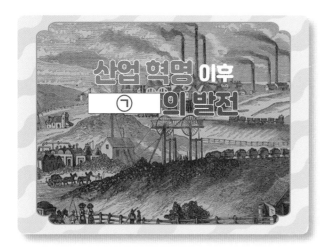

산업 혁명 이후
㉠   의 발전

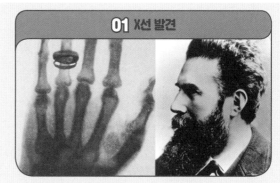

01 X선 발견

반지를 낀 손을 촬영한 사진이에요. 뢴트겐은 X선을 발견하여 화학과 의학 발전에 이바지했어요.

02 가정용 전구 발명

에디슨은 최초로 백열전구를 만들었어요. 에디슨이 발명한 가정용 전구는 일상생활에 큰 변화를 가져왔어요.

03 라듐 발견

여성 최초로 노벨상을 받은 마리 퀴리는 '라듐'이라는 물질을 발견해서 의학 발전에 큰 공을 세웠어요.

04 백신 개발

파스퇴르는 세균을 이용해 세균을 없앤다는 생각으로 여러 전염병을 치료했고, 이는 **백신** 발명의 바탕이 됐어요.

05 다윈의 진화론

다윈은 환경에 적응한 생물은 살아남아 발전하고, 그렇지 못한 생물은 없어진다는 진화론을 주장했어요.

• **백신** 전염병에 대한 면역력을 기르기 위해 병의 균이나 독을 이용하여 만든 약이에요.

1 ㉠에 들어갈 알맞은 말을 골라 ○표 하세요.

| 공업 | 과학 | 영화 | 음악 |

4주

2 몸속 사진을 촬영하여 병을 진단하는 데 도움을 준 인물은 누구인가요?　　　(　　　　)

① 뢴트겐
② 에디슨
③ 테슬라
④ 마리 퀴리

3 다음 빈칸에 들어갈 알맞은 말을 이 카드뉴스에서 찾아 쓰세요.

> 파스퇴르는 _____을/를 이용해 세균을 없앤다는 생각을 증명하기
> 위해 연구했고, 이는 전염병을 막는 백신 발명의 바탕이 됐어요.

4 이 카드뉴스를 읽고 인물과 인물이 한 일을 알맞게 줄로 이으세요.

다윈	·		·	'라듐'이라는 물질을 발견했어요.
에디슨	·		·	가정용 전구를 발명했어요.
마리 퀴리	·		·	진화론을 주장했어요.

1 밑줄 친 말의 뜻을 알맞게 줄로 이으세요.

영국은 청나라에 엄청난 양의 <u>아편</u>을 팔았어요. · · 근대적인 상태가 되다.

파스퇴르의 생각은 <u>백신</u> 발명의 바탕이 되었어요. · · 아주 많은 사람들이 어떤 일에 반대하거나 항의하여 나섬.

미국은 일본에 <u>함선</u>을 보내 항구를 열라고 했어요. · · 군함, 선박 등을 통틀어 부르는 말

중국과 일본은 서양 <u>열강</u>을 이겨내지 못하고 개항했어요. · · 국제적인 영향력이나 세력이 강한 여러 나라

세포이들은 영국이 자신들을 무시한 것에 화가 나 <u>봉기</u>를 일으켰어요. · · 양귀비 열매에서 뽑아내 만든 물질로, 습관성이 강한 중독을 일으킴.

동아시아 3국은 서양에 사절단을 보내 <u>근대화된</u> 모습을 보고 오게 했어요. · · 전염병에 대한 면역력을 기르기 위해 병의 균이나 독을 이용하여 만든 약

2 밑줄 친 말과 뜻이 비슷한 낱말을 〈보기〉에서 찾아 빈칸에 쓰세요.

〈보기〉

총칼	떨어지다	엄청나다	진행하다	부끄러움

(1) 일본은 **무력**으로 조선을 개항시켰어요. 　　　　　　_____
　　　　군사적인 힘

(2) 메이지 천황은 메이지 유신을 **추진해** 일본을 완전히 바꾸었어요. 　　_____
　　　　　　　　　　　목표를 향하여 밀고 나아가다

(3) 청나라는 아편 전쟁에서 지고 영국에 **막대한** 돈을 물어 주었어요. 　_____
　　　　　　　　　　더할 수 없을 만큼 많거나 크다

(4) 청나라 사람들이 아편을 사느라 청나라가 가지고 있던 은이 **바닥났어요.** _____
　　　　　　　　　　　　　　　돈이나 물건을 다 써서 없어지다

(5) 세포이들은 탄약통에 소와 돼지기름이 발려 있는 것을 **모욕**으로 여겼어요. _____
　　　　　　　　　　　　　낮추어 보고 창피를 주고 불명예스럽게 하는 것

3 다음 ( ) 안에 들어갈 알맞은 말을 골라 ○표 하세요.

(1) 영국은 명령을 거부한 세포이들에게 (**족새** , **족쇄**)를 채웠어요.

(2) 조선은 운요호 사건으로 일본과 강화도 조약을 (**맺고** , **맺고**) 개항했어요.

(3) 동아시아 3국은 개항 이후 점차 서양식 생활 모습을 (**갇추어** , **갖추어**) 나갔어요.

(4) 양무운동은 서양의 기술을 거부하는 사람들로 인해 그 기세가 (**꺽겼어요** , **꺾였어요**).

(5) 산업 혁명 시기에는 사람의 감정이나 개성을 (**드러내는** , **들어내는**) 그림이 유행했어요.

미끄럼틀 타고 내려가기

어린이가 미끄럼틀을 타려고 해요. 수영장으로 내려갈 수 있게 알맞은 길을 찾아 줄을 그어요.

다른 그림 찾기

두 그림의 다른 부분들을 찾아 아래 그림에 ◯표 하세요.

MEMO

에듀윌 초등 문해력보스 세계사 세계 문화 ❷

발 행 일	2023년 1월 2일 초판
저 자	에듀윌초등문해력연구소
펴 낸 이	권대호, 김재환
펴 낸 곳	(주)에듀윌
등록번호	제25100–2002–000052호
주 소	08378 서울특별시 구로구 디지털로34길 55
	코오롱싸이언스밸리 2차 3층

www.eduwill.net

대표전화 1600-6700

여러분의 작은 소리
에듀윌은 크게 듣겠습니다.

여러분의 이야기를 들려주세요.
공부하시면서 어려웠던 점, 궁금한 점,
칭찬하고 싶은 점, 개선할 점, 어떤 것이라도 좋습니다.

에듀윌은 여러분께서 나누어 주신 의견을
통해 끊임없이 발전하고 있습니다.

에듀윌 도서몰 book.eduwill.net
교재내용 문의 에듀윌 도서몰 → 문의하기 → 교재(내용, 출간) → 초등 문해력

문해력 레벨업 게임 붙임 딱지

파이팅 파이팅 파이팅 파이팅 파이팅 파이팅 파이팅

잘했어 잘했어 잘했어 잘했어 잘했어 잘했어 잘했어

천재 천재 천재 천재 천재 천재 천재

대단해 대단해 대단해 대단해 대단해 대단해 대단해

초등부터 에듀윌
문해력 보스

바른답과 도움말

세계사
초등 3~6학년

세계 문화 ❷ 근대

eduwill

바른답과 도움말

세계사 초등 3~6학년

세계 문화 ❷ 근대

eduwill

1일차 **중국 명나라와 청나라의 문화**   12~15쪽

글 명나라와 청나라 사람들은 무슨 취미를 즐겼을까요?

문단	중심 낱말	중심 내용
1문단	자금성	명나라 때 자금성이 지어졌어요.
2문단	명나라	명나라 때는 백성의 문화생활이 활발하게 이루어졌어요.
3문단	청나라	청나라는 유럽과 문화를 나누었어요.

정답

1   ③   2   ③

3   ③   4   ②

한 문장 정리   자금성

1 이 글은 건축, 문학, 학문 등 명나라와 청나라의 문화에 대한 내용을 담고 있습니다.
2 영락제는 자금성을 안전하게 만들기 위해 바닥을 전부 돌로 만들었으며, 물길을 파고 높은 담을 만들었습니다.
3 ⊙의 앞에서 유럽에서 청나라에 전해 준 문화에 대해 이야기하고, 뒤에서 청나라에서 유럽에 전해 준 문화에 대해 이야기하고 있습니다. 따라서 ⊙에는 '반대로'가 들어가야 합니다.
4 명나라와 청나라에서 모두 선교사들이 활동했습니다.

블로그 전 세계에서 가장 큰 궁궐

정답

1   베이징   2   (1) ○ (2) ○ (3) ✕
3   영락제
4   하늘의 황제가 사는 자주색의 금지된 성

1 자금성은 명나라의 황제 영락제가 '베이징'에 세운 궁궐입니다.
2 (3) 현재는 자금성 안에 있는 여러 궁궐들을 전시실로 꾸며서 사람들에게 공개하고 있습니다.
3 자금성은 명나라의 황제 '영락제'가 세웠습니다.
4 '자금'은 '하늘의 황제가 사는 자주색의 금지된 성'이라는 뜻입니다.

글 유럽 사람들이 신보다 인간에 집중하게 된 까닭은 무엇일까요?

문단	중심 낱말	중심 내용
1문단	르네상스	중세 유럽에서 르네상스가 일어났어요.
2문단	르네상스	르네상스 시대에는 다양한 미술 작품이 만들어졌어요.
3문단	르네상스	알프스산맥 북쪽에 있는 나라에서는 교회와 사회의 문제점을 비판했어요.

정답

1   레오나르도 다 빈치   2   ④
3   ③   4   ③

한 문장 정리   르네상스

1 르네상스 시대에 〈모나리자〉를 그린 사람은 '레오나르도 다 빈치'입니다.
2 르네상스가 시작된 나라는 이탈리아입니다.
3 토머스 모어는 화가가 아니며, 《유토피아》라는 책을 썼습니다.
4 알프스산맥의 북쪽에 있는 나라들은 이탈리아와 다르게 교회나 사회의 잘못된 점을 날카롭게 꼬집었다고 이야기했습니다. 따라서 이탈리아에서는 교회나 사회를 크게 비판하지 않았다는 것을 알 수 있습니다.

온라인게시글 유럽에 불어온 르네상스의 바람

정답

1   ②   2   우신예찬
3   ①   4   (1) ✕ (2) ○

1 〈아르놀피니 부부의 초상〉은 알프스 이북의 르네상스를 대표하는 작품입니다.
2 에라스뮈스의 《우신예찬》에 쓰인 내용입니다.
3 현실 사회와 교회의 문제점을 비판한 것은 알프스 이북 르네상스의 특징입니다.
4 (1) 르네상스가 시작된 곳은 이탈리아입니다.

글　임진왜란이 끝난 후 일본에서는 어떤 문화가 유행했을까요?

문단	중심 낱말	중심 내용
1문단	조닌 문화	에도 시대에는 조닌 문화가 유행했어요.
2문단	에도 막부	에도 막부는 조선과 네덜란드와 교류했어요.

정답

1 ③　　　　　　　2 ④
3 ③　　　　　　　4 통신사

한 문장 정리　에도

1　1문단은 가부키, 우키요에와 같이 에도 시대에 조닌이라는 계층이 즐긴 문화인 조닌 문화에 대한 내용을 담고 있습니다.
2　우키요에는 서민들의 생활 모습이나 풍경 등을 그린 그림으로, 목판으로 찍어 만들어 한꺼번에 많이 만들 수 있습니다.
3　임진왜란 이후 조선과 일본은 관계가 끊겼지만, 일본이 다른 나라들과도 교류하지 않았는지는 알 수 없습니다.
4　에도 막부의 요청으로 조선은 일본에 '통신사'를 보내 조선의 학문, 기술, 문화를 전해 주었습니다.

온라인전시회　서민이 주인공이었던 에도 시대의 문화

정답

1 ③　　　　　　　2 가부키
3 ①　　　　　　　4 (1) ○ (2) × (3) ○

1　조닌 계층은 주로 상공업자로 이루어진 서민 계층입니다.
2　'가부키'는 노래와 춤, 연기가 어우러진 연극으로, 에도 시대에 유행했습니다.
3　①은 〈곤여만국전도〉입니다.
4　(2) 에도 시대에는 농업 생산량이 증가했습니다.

글　오스만 제국 사람들은 왜 커피를 마셨을까요?

문단	중심 낱말	중심 내용
1문단	오스만 제국, 커피	오스만 제국에서는 상업이 발달했고, 커피의 인기가 높았어요.
2문단	술탄 아흐메트 사원	오스만 제국은 동서양의 여러 문화가 어우러진 문화를 발전시켰어요.

정답

1 ③　　　　　　　2 ①
3 ③　　　　　　　4 이슬람교

한 문장 정리　콘스탄티노폴리스

1　오스만 제국은 동서양의 문화가 어우러진 문화를 발전시켰습니다.
2　교차하는 것은 서로 엇갈리거나 마주치는 것을 말합니다. 따라서 바꿔 쓸 수 있는 말은 '만나는'입니다.
3　술탄 아흐메트 사원은 건물 내부가 2만 개가 넘는 파란색 타일로 꾸며져 있어 '블루 모스크'라고 불립니다.
4　오스만 제국 사람들은 '이슬람교'를 믿었습니다.

온라인박물관　세 대륙, 세 문화의 만남

정답

1 ④　　　　　　　2 ③
3 메흐메트 2세　　　4 ②

1　콘스탄티노폴리스는 오늘날 튀르키예(터키)의 수도 이스탄불입니다.
2　비잔티움 제국 시기에 건설되었으며, 오스만 제국 시기에는 이슬람 사원으로 이용한 건축물은 성 소피아 성당입니다.
3　콘스탄티노폴리스를 차지한 오스만 제국의 황제는 '메흐메트 2세'입니다.
4　톱카프 궁전은 오스만 제국 시기에 메흐메트 2세가 지었습니다.

글 **비슷한 듯 다른 두 문화가 어우러진 인도의 건축물은 무엇일까요?**

문단	중심 낱말	중심 내용
1문단	인도·이슬람 문화	무굴 제국에서는 인도 고유의 문화와 이슬람 문화가 더해진 인도·이슬람 문화가 발전했어요.
2문단	타지마할	샤자한이 만든 타지마할은 인도 양식과 이슬람 양식이 혼합되어 있어요.

정답

1 ①   2 연꽃무늬

3 ②   4 ❶ 시크교 ❷ 이슬람

한 문장 정리 타지마할

1 불교는 이 글과 관련이 없습니다.

2 타지마할에는 인도만의 독특한 양식인 연꽃무늬가 새겨져 있습니다.

3 인도·이슬람 문화는 인도 문화에 이슬람 문화가 더해진 것입니다. 중국 문화는 관련이 없습니다.

4 ❶ 무굴 제국에서는 힌두교와 이슬람교가 합쳐진 '시크교'라는 종교가 생겨났습니다.
❷ 무굴 제국에서는 인도 양식과 '이슬람' 양식을 합친 건축물이 만들어졌습니다.

카드뉴스 **무굴 제국 문화유산 보고서**

정답

1 ②   2 (1) ○ (2) ○ (3) ✕

3 ④   4 모슬린

1 샤자한이 황후의 넋을 기리기 위해 만들고, 인도 양식과 이슬람 양식이 나타난 건축물은 타지마할입니다.

2 (3) 레드 포트는 무굴 제국의 황제 샤자한이 지었습니다.

3 무굴 제국에서는 힌두어, 페르시아어, 아랍어 등이 섞인 우르두어를 널리 사용했습니다.

4 무굴 제국에서 만든 얇은 옷감으로, 유럽의 사치품이었던 것은 '모슬린'입니다.

정답

1

2 (1) 떠받들다 (2) 섞이다 (3) 들추어내다
(4) 보급되다 (5) 드나들다

3 (1) 띠었어요 (2) 뒷받침하여 (3) 꼬집기
(4) 순례하러 (5) 들여와

2 (1) '떠받들다'는 공경하여 섬기거나 잘 위하는 것을 말합니다.
(2) '섞이다'는 두 가지 이상의 것이 한데 합쳐지는 것을 말합니다.
(3) '들추어내다'는 결함이나 잘못 등을 따져서 드러나게 하는 것을 말합니다.
(4) '보급되다'는 널리 퍼져서 많은 사람들에게 골고루 미쳐 누리게 되는 것을 말합니다.
(5) '드나들다'는 어떤 곳에 많은 것들이 들어가고 나오고 하는 것을 말합니다.

2주

글 유럽 사람들은 왜 새로운 뱃길을 찾아 나섰을까요?

문단	중심 낱말	중심 내용
1문단	동방	유럽 사람들은 동방에 관심을 가졌어요.
2문단	신항로	유럽 사람들이 신항로 개척에 나서기 시작했어요.
3문단	무역	유럽의 여러 나라들이 신항로 개척을 했고, 동방과 무역을 했어요.

정답

1 ② 2 마르코 폴로
3 아메리카 4 ③

한 문장 정리 신항로

1 유럽 사람들은 동방과 직접 무역을 하여 물건을 더 싸게 들여오기 위해 신항로 개척에 나섰습니다.
2 '마르코 폴로'는 신항로 개척에 나서지 않았고, 《동방견문록》이라는 동방 여행기를 썼습니다.
3 유럽 사람들은 아메리카 대륙에서 감자, 옥수수와 같은 새로운 먹거리를 들여왔습니다.
4 감자는 먹거리의 한 종류입니다. 후추도 조미료의 한 종류입니다.

백과사전 신항로 개척이 바꾼 사람들의 생활 모습

정답

1 ② 2 ④
3 카니발 4 (1) ○ (2) × (3) ○

1 이 백과사전은 신항로 개척으로 변화한 생활 모습을 다루고 있습니다. 따라서 ⊙에 들어갈 알맞은 말은 '영향'입니다. '영향'은 어떤 것의 효과나 작용이 다른 것에 미치는 것을 말합니다.
2 브라질의 카니발은 크리스트교의 전통 축제입니다.
3 카니발은 포르투갈 사람들을 통해 전해 온 문화입니다.
4 (2) 카니발에서 추는 삼바 춤은 아프리카에서 온 흑인 노예들이 춘 춤입니다.

글 찬란했던 아메리카 대륙의 문명을 파괴한 사람들은 누구일까요?

문단	중심 낱말	중심 내용
1문단	아스테카, 잉카	아스테카 제국과 잉카 제국이 문명을 이끌며 발전했어요.
2문단	아스테카, 잉카	유럽 사람들이 아스테카와 잉카를 멸망시켰어요.
3문단	노예 무역	아메리카와 아프리카 원주민들이 노예 무역으로 희생되었어요.

정답

1 ③ 2 ③
3 ① 4 ❶ 아스테카 ❷ 잉카

한 문장 정리 노예

1 유럽인들은 아메리카의 원주민 노예에게 아프리카 사람들을 끌고 오게 하지 않았습니다.
2 20톤이 넘는 돌로 성벽을 만들고, 도로를 만든 것을 통해 잉카 제국의 건축 기술이 뛰어나다는 것을 알 수 있습니다.
3 일도 힘들고, 전염병도 돌아 나쁜 일이 계속해서 일어나고 있는 상황입니다. 이 상황과 어울리는 속담은 '눈 위에 서리 친다'입니다.
4 ❶ 태양신을 섬기며, 에스파냐에서 코르테스가 쳐들어간 곳은 '아스테카' 제국입니다.
 ❷ 마추픽추를 건설한 나라는 '잉카' 제국입니다.

온라인대화 아메리카와 아프리카 원주민의 비극

정답

1 비잔티움 제국 2 아프리카
3 ① 4 (1) ○ (2) × (3) ○ (4) ×

1 비잔티움 제국은 고대 로마 제국이 세운 나라로, 유럽, 아시아, 아프리카에 걸친 땅을 다스렸습니다.
2 유럽 사람들은 아메리카 원주민이 줄어들어 '아프리카'에서 흑인을 노예로 데려왔습니다.
3 마추픽추를 세운 나라는 잉카 제국입니다.
4 (2) 많은 흑인 노예들이 항해 중 목숨을 잃었고, 유럽 사람들에 의해 강제로 노동을 했습니다.
 (4) 에스파냐가 아스테카와 잉카를 정복했습니다.

글 세계의 상인들이 동남아시아로 몰려든 까닭은 무엇일까요?

문단	중심 낱말	중심 내용
1문단	향신료	중세 시대 유럽에 향신료가 전해졌어요.
2문단	말루쿠 제도	동남아시아의 말루쿠 제도에서 향신료 무역이 활발하게 이루어졌어요.

정답

1 ② 　　 2 ②
3 ④ 　　 4 ③

한 문장 정리 말루쿠

1 이 글은 중세 시대에 유럽에 전해진 향신료와 향신료 무역이 어떻게 이루어졌는지에 대한 내용을 담고 있습니다. 따라서 이 글의 중심 내용은 '중세 시대의 향신료 무역'입니다.
2 네덜란드는 유럽의 나라입니다.
3 말루쿠 제도는 값비싼 향신료가 많이 나던 곳으로, 세계의 여러 나라에서 향신료를 사러 이곳에 왔습니다.
4 말루쿠 제도의 상인은 인도네시아의 향신료를 유럽 사람들에게 팔았습니다.

온라인전시회 유럽이 사랑한 동남아시아의 특산물

정답

1 ④ 　　 2 ③
3 (1) ○ (2) ○ (3) × 　　 4 ②

1 이 전시는 중세 시대에 동남아시아에서 이루어진 무역, 그중에서 특히 유럽 사람들에게 인기가 높았던 향신료 무역에 대해 다루고 있습니다.
2 향신료의 종류가 아닌 것은 감자입니다.
3 (3) 동남아시아 최초의 이슬람교를 믿는 나라가 세워진 곳은 믈라카입니다.
4 마자파힛 왕조가 들어선 곳은 자바섬입니다.

글 절대 왕정 시대에 유럽의 문화와 과학은 어떤 발전을 이루었을까요?

문단	중심 낱말	중심 내용
1문단	절대 왕정	유럽에서는 절대 왕정이 나타났어요.
2문단	문화	절대 왕정 시대에 프랑스와 영국에서는 다양한 문화생활을 했어요.
3문단	과학	절대 왕정 시대에는 과학이 크게 발전했어요.

정답

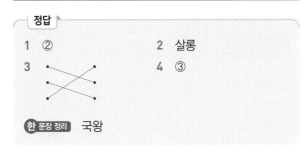

1 ② 　　 2 살롱
3 　　 4 ③

한 문장 정리 국왕

1 프랑스의 루이 14세는 자신의 힘을 과시하기 위해 화려한 베르사유 궁전을 지었습니다. ㉠에 들어갈 알맞은 말은 '건물을 짓다'라는 의미에서 '지었어요'입니다.
2 절대 왕정 시대에 프랑스에는 귀족, 여러 예술가와 지식인들이 모여서 토론을 하고 시를 읽거나 노래를 부른 '살롱'이라는 모임이 있었습니다.
4 절대 왕정 시대에 프랑스의 루이 14세는 스스로를 '태양왕'이라고 불렀기 때문에 국왕이 태양의 신을 섬겨야 한다는 생각은 알맞지 않습니다.

카드뉴스 유럽의 절대 왕정이 남긴 문화유산

정답

1 　　 2 ②
3 ② 　　 4 (1) ○ (2) × (3) ○

2 베르사유 궁전은 프랑스의 루이 14세가 지었습니다.
3 프로이센의 프리드리히 2세는 베르사유 궁전을 본떠 상수시 궁전을 지었습니다.
4 (2) 유럽에서 가장 먼저 절대 왕정을 이룬 나라는 에스파냐입니다.

글 프랑스 시민들이 감옥을 공격한 까닭은 무엇일까요?

문단	중심 낱말	중심 내용
1문단	프랑스 혁명	절대 왕정 시대에 프랑스에서는 시민들이 프랑스 혁명을 일으켰어요.
2문단	프랑스 혁명	프랑스의 국가와 삼색기에는 프랑스 혁명의 정신이 담겨 있어요.

정답

1 ④

2 ③

3 ④

4 (다) ➡ (나) ➡ (가)

한 문장 정리 프랑스

1 프랑스 삼색기에서 흰색이 의미하는 것은 '평등'입니다.

2 제2 신분은 귀족이고, 제1 신분은 성직자입니다. 귀족은 성직자를 노예로 만들지 않았습니다.

3 ㉠~㉢은 프랑스 혁명을 일으킨 평민을 가리킵니다.

4 (다) 제1~3 신분의 대표들이 세금 문제로 회의에 모였고, (나) 제3 신분만 세금을 내고 있는 것에 불만을 가진 시민들이 테니스 코트에 모여 새로운 법을 만들어 달라고 했습니다. (가) 왕과 귀족이 이들을 힘으로 제압하자 시민들이 바스티유 감옥으로 쳐들어갔습니다.

신문기사 프랑스 혁명의 정신을 찾아서

정답

1 열정

2 ③

3 (1) ○ (2) ○ (3) ✕

4 ①

1 프랑스의 삼색기에서 파란색은 자유, 하얀색은 평등, 빨간색은 우애의 정신을 나타냅니다.

2 이탈리아의 국기는 프랑스의 삼색기의 영향을 받아 초록색, 하얀색, 빨간색의 세 가지 색이 배열된 모양입니다.

3 (3) 프랑스 혁명 이전에 프랑스 왕실에서는 흰색 국기를 사용했습니다.

4 오늘날 프랑스의 국가 〈라 마르세예즈〉는 프랑스 혁명군이 행진을 하면서 부른 노래에서 전해 온 것으로, ㉠에 들어갈 말은 '의지'가 알맞습니다. '의지'는 어떤 일을 이루고자 하는 마음을 말합니다.

정답

1

2 (1) 죽다 (2) 사로잡다 (3) 독차지하다
(4) 멸망하다 (5) 쓰다

3 (1) 깃든 (2) 맞이 (3) 쳐들어와
(4) 잡아당기는 (5) 매달린

2 (1) '죽다'는 생명이 없어지거나 끊어지는 것을 말합니다.

(2) '사로잡다'는 사람이나 짐승 따위를 산 채로 잡는 것을 말합니다.

(3) '독차지하다'는 혼자서 모두 차지하는 것을 말합니다.

(4) '멸망하다'는 망하여 없어지는 것을 말합니다.

(5) '쓰다'는 머릿속의 생각을 종이 등에 글로 나타내는 것을 말합니다.

정답

글 산업 혁명의 싹을 틔운 기계는 무엇일까요?

문단	중심 낱말	중심 내용
1문단	면직물, 제니 방적기	영국에서는 제니 방적기, 방직기 등의 발명으로 면직물을 빠르게 만들어 낼 수 있게 되었어요.
2문단	산업 혁명	여러 기계의 발명과 기술의 발전으로 산업 혁명이 일어났어요.

정답

1 ③   2 ③

3 ①   4 ❶ 방직기 ❷ 증기 기관차

한 문장 정리 산업

1 이 글은 영국에서 제니 방적기, 방직기, 증기 기관차, 전신, 전화 등이 발명되어 공업, 운송, 통신 분야가 크게 발전한 산업 혁명에 대한 내용을 담고 있습니다. 따라서 이 글의 중심 내용은 '영국의 산업 혁명'입니다.

2 영국에서 면직물이 인기를 끌었던 이유는 모직물에 비해 면직물이 가볍고 부드럽기 때문입니다.

3 제니 방적기는 하그리브스가 발명했습니다.

4 ❶ 실로 천을 짜 내는 '방직기'가 발명되었습니다.
   ❷ 많은 양의 생산물을 빠르게 실어 나를 수 있는 '증기 기관차'가 발명되었습니다.

백과사전 산업 혁명으로 변화한 유럽의 모습

정답

1 ①   2 [교차선]

3 인상주의   4 ④

1 증기선, 증기 기관차의 발명과 철도망 확산 등 교통수단의 발달에 대한 내용입니다. 따라서 ㉠에 들어갈 알맞은 말은 '교통'입니다.

3 산업 혁명 시기에 미술 분야에서는 빛에 따라 변하는 풍경을 그림으로 담아내는 '인상주의'가 발달했습니다.

4 산업 혁명 시기에 경제적인 부를 쌓은 사람들의 여가 시간은 늘어났습니다.

글 산업 혁명이 가져온 사회 문제는 무엇일까요?

문단	중심 낱말	중심 내용
1문단	산업 혁명	산업 혁명으로 생활이 편리해졌지만, 문제점도 생겼어요.
2문단	공장	노동 문제, 공기 오염, 전염병 확산 등 사회 문제가 나타났어요.
3문단	노동자	노동자들은 노동자의 일자리와 권리를 보장해 달라며 기계 파괴 운동을 일으켰어요.

정답

1 ②   2 ③

3 ③   4 ①

한 문장 정리 노동자

1 여성의 일자리가 늘어난 것은 문제점이 아닙니다.

2 노동자들은 기계가 지금의 일자리를 빼앗을 것이라고 생각하여 기계 파괴 운동(러다이트 운동)을 일으켰습니다.

3 공장 노동자들은 돈을 매우 조금 받았습니다.

4 노동자들이 새로운 기계로 인해 일자리가 줄어들 것이라고 생각해서 기계 파괴 운동을 벌였다는 내용입니다. 앞의 내용이 원인이고, 기계 파괴 운동을 벌인 것은 결과이므로 ㉠에 들어갈 알맞은 말은 '그래서'입니다.

신문기사 19세기 런던 뒷골목을 가다

정답

1 ①   2 환경 오염

3 ⑴ ○ ⑵ × ⑶ ○   4 ②

1 이 신문기사는 산업 혁명 이후 더러워진 골목의 풍경, 열악한 주거 환경, 노동 문제 등의 내용을 담고 있습니다. 따라서 이 기사의 주제는 산업 혁명의 문제점입니다.

2 매연과 먼지가 뒤섞인 스모그 현상은 '환경 오염' 문제와 관련이 있습니다.

3 ⑵ 영국 런던의 뒷골목 주택가는 주거 환경이 열악합니다.

4 공장의 어린이 노동자 인터뷰에서 작업 중에 손가락이 잘리는 사고가 있었다고 말했습니다.

글 미국은 왜 남과 북으로 갈라져 싸웠을까요?

문단	중심 낱말	중심 내용
1문단	미국	영국의 지배를 벗어난 미국은 점점 거대한 나라가 되었어요.
2문단	노예 제도	미국 남부와 북부는 노예 제도를 두고 대립했어요.
3문단	남북 전쟁	남북 전쟁은 북부의 승리로 끝났고, 이후 미국은 강한 나라로 성장했어요.

정답

1 ③　　　2 (교차선)

3 ③　　　4 (가) ➡ (다) ➡ (나)

한 문장 정리 남북

1 미국에서는 남북 전쟁 이후에 노예 제도가 사라졌습니다.
2 미국 북부 사람들은 주로 공장을 운영하면서 돈을 주고 사람을 고용했고, 남부 사람들은 주로 대농장에서 목화를 재배해 노예가 꼭 필요했습니다.
3 '막을 내리다'는 어떤 일이나 나라, 정권 등이 끝났다는 의미로도 쓰입니다.
4 (가) 링컨이 미국의 대통령으로 뽑힌 다음, (나) 남부 사람들이 미국 연방에서 빠져나와 북부를 공격했습니다. (다) 이후 링컨이 노예를 해방시킨다고 발표했습니다.

온라인박물관 오늘날의 미국이 있기까지

정답

1 태평양　　　2 ③

3 ③　　　4 (라) ➡ (나) ➡ (가) ➡ (다)

1 독립 이후 미국은 서부 개척을 통해 '태평양' 연안까지 영토를 확대했습니다.
2 미국 남부는 링컨을 대통령으로 인정하지 않았습니다.
3 남북 전쟁 중 남부는 북부보다 군인 수나 전쟁 물품이 부족했습니다.
4 (라) 미국은 독립 이후 서부 개척을 통해 영토를 넓혔습니다. (나) 남부와 북부가 노예 제도를 두고 갈등하던 중 링컨이 대통령으로 뽑혔습니다. (가) 그 이후 남북 전쟁이 일어났고, (다) 링컨은 전쟁 중 노예 해방령을 발표했습니다.

글 유럽의 나라들이 남는 돈을 투자한 곳은 어디일까요?

문단	중심 낱말	중심 내용
1문단	산업 혁명	산업 혁명으로 큰돈을 번 유럽의 여러 나라들은 돈이 남아돌았어요.
2문단	제국주의	유럽에서 제국주의 국가가 나타났어요.
3문단	제국주의	제국주의 국가들은 식민 지배를 당연하게 여겼어요.

정답

1 제국주의　　　2 ③

3 ②　　　4 ②

한 문장 정리 제국주의

1 유럽의 '제국주의' 국가들은 막강한 경제력과 군사력을 앞세워 힘이 약한 나라들을 침략해 삶의 터전을 빼앗았습니다.
2 제국주의 국가들은 식민지를 만들어 지배하는 것을 은혜를 베푸는 것처럼 말하는 이기적인 모습을 보였습니다. 이 태도는 '아전인수'와 관련이 있습니다.
3 아프리카 사람들은 유럽이 베푼 은혜를 갚아야 한다고 생각하지 않았습니다.
4 유럽의 여러 나라들은 산업 혁명으로 큰돈을 벌고 남은 돈을 투자할 곳을 찾았고, 아시아나 아프리카의 힘이 약한 나라들을 침략해 식민지로 만들었습니다.

온라인게시글 식민지를 만들기 위한 유럽 사람들의 변명

정답

1 (가), (라)　　　2 ③

3 백인　　　4 ①

1 서양의 여러 나라가 식민지를 세울 때 내세운 구실에는 (가) 강한 나라가 약한 나라를 지배하는 것이 당연하다는 것, (라) 자신들이 식민지에서 벌이는 일은 그들에게 베푸는 은혜라는 것 등이 있습니다.
2 식민지 국가 사람들은 서양 사람들에게 교육받는 것을 의무라고 생각하지 않았습니다.
3 고비노는 백인, 아시아 사람, 아프리카 사람 중 '백인'이 가장 뛰어나다고 말했습니다.
4 ①은 르네상스 시대의 작품인 보티첼리의 〈봄〉입니다.

글 **세계 최초의 엑스포는 어떤 모습이었을까요?**

문단	중심 낱말	중심 내용
1문단	만국 박람회, 수정궁	영국 런던에서 처음으로 만국 박람회가 열려 수정궁을 선보였어요.
2문단	만국 박람회, 에펠탑	프랑스 파리에서 만국 박람회를 열어 에펠탑을 선보였어요.
3문단	만국 박람회	만국 박람회에서는 아프리카 원주민을 전시했어요.

정답

1 ④	2 ①
3 ②	4 ①

한 문장 정리 만국

1 이 글은 영국과 프랑스와 같은 제국주의 국가들에서 열린 만국 박람회에 대한 내용을 담고 있습니다. 따라서 이 글의 중심 내용은 '제국주의 국가의 만국 박람회'입니다.

2 영국 런던 만국 박람회의 수정궁은 건물 전체가 30만 장이 넘는 유리로만 지어져서 사람들을 놀라게 했습니다.

3 경복궁 근정전의 모습을 본뜬 전시장과 한복을 입고 있는 사람들을 그린 그림으로, 관련 있는 문단은 파리 만국 박람회에 참가한 대한 제국의 내용을 담고 있는 2문단입니다.

4 아프리카 원주민들의 모습을 보고 인간이라고 생각할 수 없다고 말한 것은 세상을 좁게 보는 태도입니다. 이 태도는 '우물 안 개구리'와 관련이 있습니다.

온라인전시회 **힘겨루기의 장소, 만국 박람회**

정답

1 엑스포	2 수정궁
3 ②	4 (1) ○ (2) × (3) ○

1 만국 박람회는 오늘날 '엑스포'라는 말로 불립니다.

2 런던 만국 박람회에서는 '수정궁'이라는 전시장이 사람들의 눈길을 끌었습니다.

3 런던 만국 박람회는 영국, 파리 만국 박람회는 프랑스에서 열렸습니다.

4 ⑵ 프랑스 혁명 100주년을 기념하여 열린 만국 박람회는 파리 만국 박람회입니다.

정답

1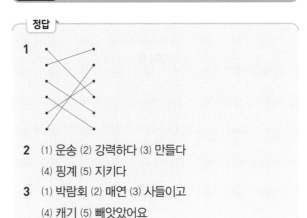

2 (1) 운송 (2) 강력하다 (3) 만들다
　(4) 핑계 (5) 지키다

3 (1) 박람회 (2) 매연 (3) 사들이고
　(4) 캐기 (5) 빼앗았어요

2 ⑴ '운송'은 사람을 태워 보내거나 물건 등을 실어 보내는 것을 말합니다.

⑵ '강력하다'는 힘이나 영향이 강한 것을 말합니다.

⑶ '만들다'는 노력이나 기술 등을 들여 목적하는 사물을 이루는 것을 말합니다.

⑷ '핑계'는 잘못한 일에 대하여 이리저리 돌려 말하는 구차한 변명을 말합니다.

⑸ '지키다'는 재산, 이익, 안전 등을 잃거나 침해당하지 않도록 보호하거나 감시하여 막는 것을 말합니다.

1일차 세포이의 항쟁

글 인도 병사들은 왜 영국에 맞서 싸웠을까요?

문단	중심 낱말	중심 내용
1문단	인도, 영국	영국은 프랑스와의 전쟁에서 승리한 후 인도를 다스렸어요.
2문단	세포이, 영국	세포이들이 영국에 맞서 싸운 세포이의 항쟁이 일어났어요.

정답

1 ④ 　　　　　2 ④
3 ③ 　　　　　4 (가) ➡ (다) ➡ (나)

한 문장 정리 세포이

1 인도는 유럽에서 인기 있던 향신료가 많이 나고 품질 좋은 면직물을 생산했기 때문에 유럽의 여러 나라들에서 앞다퉈 식민지로 만들려고 했습니다.
2 세포이의 항쟁은 영국의 탄압으로 실패로 끝났습니다. 인도를 영국으로부터 지켜 냈다는 내용은 알맞지 않습니다.
3 '무자비하다'는 말은 인정이 없고 냉혹하고 모질다는 말입니다. 이와 비슷한 말은 '잔인하다'입니다.
4 (가) 영국은 프랑스와의 전쟁에서 승리한 후 인도에 동인도 회사를 세웠습니다. (다) 동인도 회사 소속인 인도 병사 세포이들은 탄약통 사건에 화가 나 영국에 맞섰습니다. (나) 세포이의 항쟁 이후 영국은 동인도 회사를 없애고 인도 제국을 세워 직접 다스리기 시작했습니다.

신문기사 세포이가 일으킨 봉기의 결말

정답

1 ③ 　　　　　2 소, 돼지
3 ④ 　　　　　4 (1) × (2) ○ (3) ○

1 세포이의 항쟁은 세포이의 실패로 끝났습니다.
2 힌두교인은 소를 신처럼 여겨 먹지 않고, 이슬람교인은 돼지를 나쁜 동물로 생각해서 먹지 않습니다.
3 세포이의 항쟁 이후 영국은 무굴 제국의 황제를 쫓아내고 영국 국왕이 직접 다스리는 인도 제국을 세웠습니다.
4 (1) 세포이들은 대부분 힌두교나 이슬람교를 믿었습니다.

2일차 동아시아 3국의 개항

글 동아시아 3국이 나라의 문을 열 수밖에 없었던 사연은 무엇일까요?

문단	중심 낱말	중심 내용
1문단	청나라, 난징 조약	아편 전쟁에서 패배한 청나라는 영국과 난징 조약을 맺었어요.
2문단	일본	일본이 미국 함선의 공격을 받고 항구를 열었어요.
3문단	조선, 강화도 조약	조선은 일본과 강화도 조약을 맺고 항구를 열었어요.

정답

1 ④ 　　　　　2 (나) ➡ (다) ➡ (가)
3 ③ 　　　　　4 ③

한 문장 정리 조선

1 이 글은 청나라와 일본, 조선의 동아시아 3국이 외국에 항구를 열게 된 배경과 조약에 대한 내용을 담고 있습니다. 따라서 이 글의 중심 내용은 '동아시아 3국의 해외 교류'입니다.
2 (나) 영국은 청나라와의 거래에서 손해를 입자 청나라에 아편을 팔았습니다. (다) 청나라가 아편을 불태워 버리려고 하자 영국은 청나라에 침입해 아편 전쟁을 일으켰고, (가) 전쟁에서 패배한 청나라는 영국과 난징 조약을 맺었습니다.
3 '속수무책으로' 당하는 것은 어찌할 바를 모르고 꼼짝없이 당한다는 말입니다.
4 청나라는 영국에 의해, 일본은 미국에 의해, 조선은 일본에 의해 나라의 문을 열게 되었습니다.

백과사전 동아시아 3국, 근대화의 시작

정답

1 베트남 　　　　　2 ①
3 (1) × (2) ○ (3) ○ 　　　　　4 대한 의원

1 동아시아 3국은 조선, 중국(청나라), 일본입니다.
2 개항 이후 조선이 미국에 보낸 사절단은 '보빙사'입니다.
3 (1) 조선은 일본과 강화도 조약을 맺고 개항했습니다.
4 조선 '대한 의원'은 언제든 시간을 확인할 수 있도록 높은 곳에 시계를 단 대표적인 건물입니다.

글 기울어져 가던 청나라 왕조의 끝은 어떤 모습이었을까요?

문단	중심 낱말	중심 내용
1문단	태평천국 운동, 양무운동	중국 청나라에서 홍수전이 태평천국 운동을, 증국번과 이홍장이 양무운동을 일으켰어요.
2문단	의화단	의화단이 서양 세력에 맞서다 패배했어요.

정답

1 [교차선]

2 평등한, 서양

3 ①

4 ③

한 문장 정리 의화단

2 태평천국 운동은 모든 사람이 '평등한' 세상을 만들자는 운동이고, 양무운동은 '서양'의 우수한 기술을 받아들여 강한 나라를 만들자는 운동입니다.

3 의화단은 교회, 철도 등을 부숴 서양 세력에 저항했습니다.

4 청나라의 옛 전통은 지키며, 서양의 우수한 기술을 받아들이자는 태도입니다. 이 태도는 '온고지신'과 관련이 있습니다.

온라인대화 3인 토론, 중국 근대화를 말하다

정답

1 홍수전

2 ②

3 (1) × (2) ○ (3) ×

4 ③

1 청나라를 무너뜨리고 한족의 나라를 세워야 한다고 주장한 인물은 '홍수전'입니다.

2 이홍장은 청나라의 제도와 전통문화는 서양보다 우수하고, 무기와 기술은 서양의 것이 더 우수하다고 말했습니다.

3 (1) 홍수전은 공업을 발전시켜야 한다고 하지 않았습니다.
(3) 이홍장은 청나라의 제도와 전통문화가 서양보다 우수하다고 말했습니다.

4 서양의 기술과 제도를 받아들여 나라를 완전히 바꿔야 한다는 생각과 가장 비슷한 생각을 가진 사람은 기술과 제도를 모두 바꿔야 한다고 말한 캉유웨이입니다.

글 옛것을 버린 일본은 어떻게 바뀌었을까요?

문단	중심 낱말	중심 내용
1문단	일본	개항 이후 일본 백성이 살기가 힘들어졌어요.
2문단	메이지 유신	메이지 천황이 메이지 유신을 추진했어요.
3문단	일본, 청나라, 조선	메이지 유신 이후 일본은 청나라와 전쟁을 벌이고 조선에 간섭했어요.

정답

1 ④

2 ①

3 ②

4 (나) ➡ (가) ➡ (다)

한 문장 정리 메이지

1 메이지 유신은 과거의 제도와 생활 모습을 바꾸려는 개혁이었습니다.

2 일본은 청나라를 적으로 생각해 조선에 군대를 보냈습니다. ㉠에 들어갈 말로 '경청'은 알맞지 않습니다.

3 나가사키는 개항 이전에 네덜란드와 교류한 곳입니다.

4 (나) 개항 이후 일본에서는 백성들이 살기 힘들어졌습니다. (가) 에도 막부가 무너진 후 메이지 천황이 메이지 유신이라는 개혁을 추진했습니다. (다) 메이지 유신 이후 일본은 청나라와 전쟁을 벌였습니다.

온라인전시회 바다를 넘어 세계를 넘본 일본

정답

1 동학 농민 운동

2 (1) × (2) × (3) ○

3 ③

4 (가) ➡ (다) ➡ (나) ➡ (라)

1 일본은 조선에서 '동학 농민 운동'이 일어나자 조선에 군대를 보내 청나라와 전쟁을 벌여 승리했습니다.

2 (1) 러일 전쟁은 일본의 승리로 끝났습니다.
(2) 일본은 미국과 불평등 조약을 맺고 개항했습니다.

3 러시아와 일본이 싸우고 있는 상황으로, 러일 전쟁과 관련이 있습니다.

4 (가) 일본은 미국과 불평등 조약을 맺고 개항했습니다. (다) 개항 이후 새 정부에서 메이지 유신을 실시했습니다. (나) 메이지 유신 이후 일본은 청나라와 전쟁했습니다. (라) 러시아가 조선을 넘보자, 일본은 러시아와 전쟁했습니다.

글 **19세기 인류가 만들어 낸 과학 기술과 예술 작품은 무엇일까요?**

문단	중심 낱말	중심 내용
1문단	X선, 라듐, 전구	19세기에는 X선과 라듐 발견, 전구 발명 등 과학 기술이 발전했어요.
2문단	진화론	다윈이 진화론을 발표했어요.
3문단	들라크루아, 밀레	19세기 예술에서는 다양한 미술 양식이 유행했어요.

정답

1 전구
3 ③
2 ③
4 ④

한 문장 정리 과학

1 에디슨은 가정용 '전구'를 발명했습니다.
2 다윈의 진화론은 모든 동식물은 오랜 시간에 걸쳐 진화하고, 환경에 적응하지 못한 동식물은 사라진다는 내용입니다.
3 주어진 그림은 들라크루아의 〈민중을 이끄는 자유의 여신〉입니다. 전쟁터를 배경으로 한 그림으로, 사람들이 마치 살아 움직이는 것 같은 힘찬 기운을 느낄 수 있습니다.
4 19세기에 예술 분야에서는 신의 모습이 아닌 사람들의 생활 모습을 그린 그림이 유행했습니다.

카드뉴스 인류를 구한 발견과 발명

정답

1 과학
3 세균
2 ①
4

1 이 카드뉴스는 X선 발견, 가정용 전구 발명, 라듐 발견 등 산업 혁명 이후 '과학' 분야에서 이룬 발전에 대한 내용을 담고 있습니다.
2 주어진 사진은 X선으로 촬영한 몸속 사진입니다. X선을 발견하여 의학적 발전에 이바지한 인물은 뢴트겐입니다.
3 파스퇴르는 '세균'을 이용해 세균을 없앤다는 생각으로 여러 전염병을 치료했습니다.

정답

1 (교차 연결선)

2 (1) 총칼 (2) 진행하다 (3) 엄청나다
   (4) 떨어지다 (5) 부끄러움
3 (1) 족쇄 (2) 맺고 (3) 갖추어
   (4) 꺾였어요 (5) 드러내는

2 (1) '총칼'은 총과 칼을 아울러 부르는 말로, 무력을 비유적으로 이릅니다.
   (2) '진행하다'는 일 등을 처리하여 나가는 것을 말합니다.
   (3) '엄청나다'는 짐작이나 생각보다 정도가 아주 심한 것을 말합니다.
   (4) '떨어지다'는 값, 기온, 수준, 형세 등이 낮아지거나 내려가는 것을 말합니다.
   (5) '부끄러움'은 부끄러워하는 느낌이나 마음을 말합니다.

정답

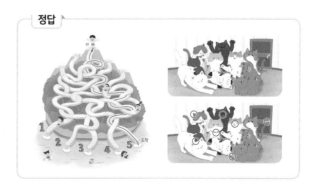

찾아보기

ㅂ

ㅅ

ㅇ

바른답과 도움말

고객의 꿈, 직원의 꿈, 지역사회의 꿈을 실현한다

에듀윌 도서몰 book.eduwill.net
교재내용 문의 에듀윌 도서몰 → 문의하기 → 교재(내용, 출간) → 초등 문해력

교재의 오류는 에듀윌 도서몰 내 정오표에서 확인할 수 있으며, 잘못 만들어진
책은 구입처에서 교환해 드립니다.